电子商务理论与实践研究

曹　翔◎著

吉林出版集团股份有限公司
全国百佳图书出版单位

图书在版编目（CIP）数据

电子商务理论与实践研究 / 曹翔著 . -- 长春 : 吉林出版集团股份有限公司 , 2024.4

ISBN 978-7-5731-5108-7

Ⅰ . ①电… Ⅱ . ①曹… Ⅲ . ①电子商务 - 研究 Ⅳ . ① F713.36

中国国家版本馆 CIP 数据核字 (2024) 第 111062 号

电子商务理论与实践研究

DIANZI SHANGWU LILUN YU SHIJIAN YANJIU

著　　者　曹　翔
责任编辑　李婷婷
封面设计　李小锋
开　　本　710mm × 1000mm　　1/16
字　　数　200 千
印　　张　11.75
版　　次　2025 年 1 月第 1 版
印　　次　2025 年 1 月第 1 次印刷
印　　刷　天津和萱印刷有限公司

出　　版　吉林出版集团股份有限公司
发　　行　吉林出版集团股份有限公司
地　　址　吉林省长春市福祉大路 5788 号
邮　　编　130000
电　　话　0431-81629968
邮　　箱　11915286@qq.com
书　　号　ISBN 978-7-5731-5108-7
定　　价　72.00 元

前　言

电子商务具体来说是指利用电子化的信息手段来实现商业活动，最终取得一定盈利的商务活动，特别是在大数据背景下，使用信息化的手段来促进合作企业、客户、供应商直接实现信息方面的共享，能够更好地满足企业电子化发展的需求。电子商务具有交互式、动态的特点，涵盖了由企业内部网络、共享的外部网络到公用的互联网的广阔领域，同时使得信息技术系统的大量资源和互联网可达到的广泛空间得以融合。概括来说，以网络为工具的电子商务高效率地实现了把有价值的信息与需要这些信息的人连接到了一起，这是服务网和价值增值链产生的原因。当前电子商务所涉及的领域和范围十分广泛，大到企业之间的贸易交流，小到人们日常生活中的网上交易活动，使得人们的生活、工作、学习都发生了巨大改变。

电子商务的发展改变了传统的市场营销模式，也推动了市场营销策略的创新与发展。目前，电子商务已逐渐成为当今市场的主要市场运行模式。在全球经济与信息一体化进程的不断推进下，企业应着重进行电子商务的研究与开发，并探寻出符合电商时代的新型市场营销模式，以此为企业与市场经济的协同发展提供保障，促进企业经济收益的稳步提升，进而推动企业的长效与稳定发展。

本书第一章为电子商务概述，从电子商务的发展和概念、电子商务的分类、电子商务的特性及功能、电子商务发展趋势四个方面进行了介绍。第二章为电子商务的技术基础，介绍了电子商务的网络基础、安全技术、支付技术和前沿技术的应用。第三章为电子商务对社会经济的影响，阐述了电子商务的经济理论基础、运作机理以及电子商务对各个行业产生的影响。第四章为电子商务营销策略与市场运营，介绍了网络营销策略、新媒体营销在电子商务中的实践应用、内容营销与电子商务。第五章从移动支付的概述、支付与支付系统的演进、电子支付系统及工具、网上银行的功能与主要业务四个方面阐述了电子商务支付。第六章为电子商务物流，介绍了电子商务物流的概述、电子商务物流的模式、现代物流技术、电子商务物流信息与供应链管理。第七章为结论与展望。

在撰写本书的过程中，作者参考了大量的学术文献，得到了许多专家学者的帮助，在此表示真诚感谢。但由于作者水平有限，书中难免有疏漏之处，希望广大同行与读者朋友及时指正。

曹翔

2023 年 8 月

目　录

第一章　电子商务概述

近年来，电子商务蓬勃发展，给人们的生活带来了便捷和全新的体验，同时也给传统企业带来了巨大的冲击。本章为电子商务概述，从电子商务的发展和概念、电子商务的分类、电子商务的特性及功能、电子商务的发展趋势比较四个方面来简要介绍电子商务。

第一节　电子商务的发展和概念

一、电子商务的起源

当前，利用外部网（Extranet）、互联网（Internet）与企业内部网（Intranet）开展的商务活动即为电子商务。此外，所有应用电子工具、电子通信技术开展的商务活动均能被称为电子商务。

其实，并非计算机技术及网络技术产生之后才产生电子商务。早在1839年，当电报刚刚出现的时候，人们就开始运用电子手段进行商务活动，当买卖双方贸易过程中的意见交换、贸易文件等开始以莫尔斯码形式在电线中传输的时候，就出现了电子商务。随着电话、传真、电视等电子工具的诞生，商务活动中可应用的电子工具进一步扩充。由电报、电话、传真和电视带来的商业交易在过去的几十年间日益受到重视，由于它们各有优缺点，所以，人们互为补充地使用电报、电话、传真、电视于商务活动之中。今天，这些传统的电子通信工具仍然在商务活动中发挥着重要作用。

世界首台大型计算机于1946年一经问世，就在平常的管理工作中得到了应用，此计算机名称为“埃尼克”（ENIAC），具有可运行程序的功能。计算机在很多方面缩短了往日需投入大量财力、人力、物力的工作时间，在很大程度上提升了工作的效率，包括处理、记录数据资料等方面的工作。

在商业范畴内，计算机最开始主要用来处理较困难的运算与统计问题，直到20世纪60年代末期，计算机才开始参与电子商务活动。在此之前，计算机只是被当作一种辅助类信息载体用来增加办事效率。那个时候，公司间信息传递采用了电子数据交换（Electronic Data Interchange，EDI）方式，较为典型的电子商务活动是通过应用电子数据交换方式传输与接收交货、订单、付款等。如果把电子商务的初期形态界定为以电子方式传输或记录商业信息，那在还没有EDI以前，就有企业用不同的电子方式开展了商业活动，包括信用卡、电子自动收款机等方式。

但是，当时的企业所开展的电子商务活动只能在封闭的系统中运作，包括电子自动收款机、传真、电子数据交换等。那时是从便利、快捷等角度考虑，在商业范畴中应用电子方式，最多也只局限于参加交易的当事人之间应用封闭的电子传输方式。所以，从严格层面来说，以前纸面的处理程序被新兴的电子传输方式所取代，也就是说，以往的电子商务与今天所描述的电子商务相比，仅仅是新的电子传输技术在商业领域内的早期应用。在此层面上，新兴的信息技术就像传真、电话取代书信一样，尽管为我们带来了新的技术方式，但并未实现商业活动的本质变革。新兴的信息传输技术确实极大地提升了商业活动的便利程度和信息传递速度。所有这些尽管对商业运作有较大影响，但是，对市场很多方面来说并无本质的改变，如生产者、产品结构的地位等。

二、电子商务的发展

（一）电子商务发展的条件

1. 计算机的广泛应用

1946年，世界首台电子计算机问世后。在此之后，计算机的价格不断降低、应用越来越广、处理能力越来越强、处理速度越来越快，这为电子商务的应用提供了基础。

2. 网络的普及和成熟

全世界上网用户人数迅猛增长得益于互联网逐步发展成了全球交易与通信的媒体，电子商务的发展是以网络的安全、快捷和低成本三个特征为前提的。

3. 信用卡的普及应用

信用卡成为人们消费支付的一种方式是因为它具有安全、便利等特点。全球性信用卡结算与支付系统也因此而得到优化，同时增加了实现“一卡在手，走遍全球”的可能性。

4. 各类安全交易协议的制定

各类安全交易协议的制定为开放网络上的电子商务创造了一个重要的安全环境，包括安全电子交易协议（SET）和安全套接层协议（SSL）等多项安全协议的出台。

5. 政府的支持和推动

1997 年，欧盟、美国分别发表了《欧洲电子商务发展倡议》《全球电子商务纲要》，使电子商务得到了世界各国政府的关注。很多国家依次颁布了关于电子商务方面的政策，出台了与电子商务有关的法律，并且，多个国家的政府进行了“网上采购”的试点，这为电子商务发展的提供了坚实保障。

（二）电子商务发展的历程

电子商务的发展经历了四个阶段：基于电子数据交换的电子商务阶段、基础电子商务阶段、商务社区阶段和协同式商务阶段。

1. 基于电子数据交换的电子商务阶段

从 20 世纪 60 年代末到 1994 年之前，为基于电子数据交换的电子商务阶段。因为各行业的企业的数据库信息格式是根据自己的业务特征来规定的，所以，在贸易过程中，人工利用某一台计算机输出的文件作为另一台计算机 70% 的输入数据，数据的精确性和工作效率的提升受很多人为因素的影响，电子数据交换的产生是因为人们逐步研发出在贸易伙伴之间的计算机上实现数据可以自动交换的功能。

电子数据交换也称为“无纸贸易”。国际标准化组织（ISO）对电子数据交换的定义是："将商业或行政事务处理按照一个公认标准，形成结构化的事务处理或报文数据格式，从计算机到计算机的电子传输方法。"[①] 通俗来说，就是把业务文件依照共同的标准由一台计算机传输到另一台计算机的电子传输方式。由电子数据交换标准与计算机软件组成的软件和由计算机网络组成的硬件共同组成了电子数据交换，这是企业间电子商务应用的雏形。20 世纪 90 年代之前，考虑到交易安全，大多数电子数据交换都应用在专用网络上，这类专用网络被称为增值网（Value-added network，VAN）。但是，这种网络成本较高，仅有一些大型企业能够承受，一些中小企业只能"望网兴叹"，因此限制了基于电子数据交换的电子商务的推广和普及。

2. 基础电子商务阶段

20 世纪 90 年代中期以来，互联网很快得到推广和普及。随着互联网由大学、科研机构走向企业与百姓家庭，互联网的功能随着从信息共享发展成一种大众化的信息传播工具。20 世纪 90 年代初，电子商务互联网应用成为最大热点，这是因为在互联网这一巨大空间内引入了互联网范围之外的商业贸易活动。作为互联网行业的领跑者，戴尔与思科公司等把他们的网站视作核心的销售途径，使得市场推广材料与产品展示目录能够通过网站进行。在此阶段，仅有 6% 的网站有权告知订单处理进度，15% 的网站可以接受订单。

3. 商务社区阶段

在此阶段，第三方网站开始把交易双方带到共同的社区中，商业信息主要通过互联网传递。商务社区的出现提高了市场透明度，为交易双方提供了更多更好的商业机遇。

4. 协同式商务阶段

在商业合作伙伴间，近乎任何一个业务流程均能利用网络实现优化或重组。其核心任务是以第三阶段为前提支持不同类型的商务流程和打造一个虚拟的商业链。协同式商务是一种动态合作，介于合作伙伴、企业员工和顾客间。商业合作伙伴利用交流互动，在虚拟社区中探寻创造价值、节约成本、解决业务问题的方法。协同式商务是介于供应链与需求链间复杂的工作流程的一种更完整的反映。

① 魏修建，姚峰主编．现代物流与供应链管理．西安：西安交通大学出版社，2008：147.

现在的 E 概念不仅可以与商务活动结合，还可以与医疗、教育、金融、军事、政府等有关的应用领域结合，从而形成有关领域的 E 概念。例如，电子信息技术与医疗结合产生了电子医务——远程医疗，与教育结合孵化出电子教务——远程教育，与金融结合产生了电子金融业务——在线银行和网上证券交易，与军事结合产生了电子军务——远程指挥，与政务结合产生了电子政务，与企业组织形式结合形成虚拟企业等。

三、电子商务的定义

简单地讲，电子商务是指利用电子网络进行的商务活动。各国政府、学者、企业界人士根据自己所处的地位和对电子商务的参与程度，给出了许多表述不同的定义。下面我们按照政府组织、企业以及专家和学者的顺序来分别介绍几种典型的定义：

（一）政府组织的定义

1. 欧洲议会的定义

欧洲议会在《欧洲电子商务发展倡议》中给出的电子商务的定义是："电子商务是通过电子方式进行的商务活动。它通过电子方式处理和传递数据，包括文本、声音和图像。它涉及许多方面的活动，包括货物电子贸易和服务、在线数据传递、电子资金转账、电子证券交易、电子货运单证、商业拍卖、合作设计和工程、在线资料、公共产品获得等。它还包括产品（如消费品、专门设备）和服务（如信息服务、金融和法律服务）、传统活动（如健身、教育）和新型活动（如虚拟购物、虚拟训练）等。"

2. 世界电子商务会议的定义

国际商会于 1997 年 11 月 6 日至 7 日在法国巴黎召开了世界电子商务会议，把全部贸易活动实现的电子化称为电子商务，这是对电子商务的相关定义相对权威的论述。

在技术特征层面，国际商会给出了电子商务的定义：电子商务被视作一类包含多种技术的综合体，如电子公告牌等获得数据、电子邮件等交换数据和条形码等自动捕获数据均是电子商务的组成部分。

从涵盖的业务来看，运用信用卡和电子现金等的电子支付、信息交换、建立具有更多的服务和产品且不需要实体公司的特点的虚拟企业、售前和售后服务均属于电子商务的业务范畴。

3. 美国政府在《全球电子商务纲要》中给出的定义

电子商务是指通过互联网进行的各项商务活动，包括广告、交易、支付、服务等活动，全球电子商务涉及全球范围。

4. 世界贸易组织的定义

世界贸易组织（World Trade Organization，WTO）定义，电子商务是通过电子方式进行货物和服务的生产、销售、买卖和传递。这一定义奠定了审查与贸易有关的电子商务的基础，也就是继承关贸总协定（General Agreement on Tariffs and Trade，GATT）的多边贸易体系框架。

5. 中国政府的定义

《中国电子商务蓝皮书》（2001）认为，电子商务指通过互联网完成的商务交易。交易的内容可分为商品交易和服务交易，交易是指货币和商品的易位，交易要有信息流、资金流和物流的支持。

从上面的定义可以看出，政府组织在界定电子商务时，侧重于从宏观方面、电子商务行业含义以及电子商务对经济社会的宏观影响等角度，来给电子商务下定义。

（二）企业的定义

1. 国际商业机器公司（International Business Machines Corporation，IBM）的定义

美国IBM公司提出了电子商业（E-business）的概念，电子商业是利用互联网和万维网（WWW）技术进行的全部商业活动，这些商业活动可以在企业内部、企业之间或企业与消费者之间进行，也可以在全世界各国企业之间或企业与消费者之间开展。国际商业机器公司也提出了一个电子商务的定义公式，即：

电子商务 = 网络 + 信息技术

2. 惠普（Hewlett-Packard，HP）的定义

美国惠普公司提出了一个的定义："电子商务是通过电子化的手段来完成商业贸易活动的一种方式。"[①] 这是惠普公司的观点。换句话说，电子商务可以让人们通过电子交易的方式来实现服务与物品的等价交换，是指在售前服务到售后保障的不同阶段实现自动化、电子化。要实现电子化世界，首先要实现全世界一体化的信息基础结构，尽快建立全世界统一的电子商务标准。

3. 通用电气公司（General Electric Company，GE）的定义

通用电气公司认为，作为利用电子方式开展商业贸易的活动，电子商务可分为两部分，分别是消费者与企业间的电子商务和企业间的电子商务。

4. 英特尔（Intel）的定义

通过互联网和内联网使得商务电子化运作成为现实，在各计算机间构建的、以网络链接为基础的商业运作体系被称作电子商务（electronic commerce），这是英特尔公司的观点。作为电子商务的组成部分之一，电子交易指的是利用互联网所进行的商品订购、售后服务等的商业交易，开展主体主要包括消费者与企业及企业与企业。

由上述不同定义可以看出，企业在界定电子商务时，侧重于从微观方面，从企业经营管理角度来给电子商务下定义。

（三）专家、学者的定义

1. 美国著名学者瑞维·卡拉科塔（Ravi karakota）等的定义

美国学者瑞维·卡拉科塔和安德鲁·B. 温斯顿（Andrew B. Winston）在他们的专著《电子商务的前沿》中指出："广义地讲，电子商务是一种现代商业方法。这种方法通过提高产品和服务质量，提高服务传递速度，满足政府组织、厂商和消费者降低成本的需求，这一概念也用于通过计算机网络寻找信息以支持决策。一般来讲，今天的电子商务是通过计算机网络将买方和卖方的信息、产品和服务联系起来，而未来的电子商务则是通过构成信息高速公路的无数计算机网络中的一个网络，将买方和卖方联系起来的道路。"

---

① 方陆明. 信息管理概论. 杭州：浙江科学技术出版社，2005：256.

2. 西安交通大学李琪教授的定义

李琪教授被誉为电子商务方面的专家，在他的《电子商务概论》一书中将电子商务划分为广义的电子商务与狭义的电子商务。其中，应用多种工具进行商务或活动，包括电话、电视、计算机与网络、互联网与 NII（国家信息基础结构——信息高速公路）等现代系统工具，被视作是广义的电子商务；主要应用互联网开展的商务或活动被视作狭义的电子商务。在经济、技术快速发展的当代社会中，电子商务指的是全面地应用电子工具，开展以商品交换为中心的各类活动的总称，具有成本低、效率高的特点。电子商务的主体是掌控信息技术与商务规则的人。

从上面的定义可以看出，专家、学者们侧重于从电子商务运用的技术以及电子商务对政府、企业和消费者的影响等方面界定电子商务。

综上所述，虽然人们对电子商务从不同的视角进行了不同的论述，同时提出了多种概念，但是，汇总起来能够发现，电子商务的构成要素一定包括两个层面：一是商务活动；二是电子方式，也就是一定要通过电子信息技术或电子方式来开展商务活动。这里应阐明的是“电子商务”与“商务电子化”并不完全相同。在进行商务活动时，“商务电子化”指的是运用电话、图像处理、传真等技术工具完成每一个环节；“电子商务”指的是以商务规则和信息技术为基础，成体系地应用电子信息技术或电子方式，尤其是互联网，以此来开展成本低、效率高的以商品交换为核心的各类活动的全过程，包含消费者利用网络购买商品，企业间应用公共信息网为企业的商品供、销开展网上交易等。如此看来，在“电子商务”的概念中，接受考察的是劳动对象、人和电子工具联系起来的整个系统。原始人工系统的电子化升级过程是“商务电子化”所注重的，而“电子商务”注重的是从系统的观点出发，强调应取得的效果和所处的状态，同时，在整个系统中，人位于支配性位置。

四、电子商务的内涵

电子商务的内涵可以从电子商务定义中归纳得出，即互联网技术的产生和发展是电子商务开展的前提条件，具备当代信息技术和商务理论与实务的人是电子商务活动的核心，系列化与电子工具是电子商务活动的基础，以商品贸易为核心的各类经济活动是电子商务的对象，构建动态新型全球商务体系是电子商务的目标。

（一）电子商务的前提

电子商务是应用现代信息技术在互联网上进行的商务活动。从根本上说，一组电子邮件、图像处理等电子工具在商务过程中的运用被称为电子商务。而其使用的基本条件包括三个方面，分别是管理体制的改变、当代通信网络的优化和人们思想意识的提升。所以，电子商务的出现与发展必须以当代信息网络和信息技术为前提。

（二）电子商务的核心

第一个层面，电子商务被视为一个以人为核心的社会系统；第二个层面，事实上，商务系统被视为一个关系网，是由以商品贸易为中心的代表各方利益的人构成的；第三个层面，尽管我们对工具的功能足够重视，但是，在进行电子商务时，从本质来说，人仍起到核心作用。这是因为工具的运用和效果的实现及工具的发明制造均是由人来实现的。因此，我们一定要注重人在电子商务中的决定性作用。制定合格人才的标准是人作为电子商务主导者的要求。很明显，电子商务融合了当代商务和信息现代化，因此，熟练应用电子商务技术和理论的人必然是掌握现代信息技术、掌握现代商贸理论与实务的复合型人才。本国、本地区在电子商务发展中最核心的要素是对这类人才的培养。

（三）电子商务的基础

1. 市场基础

社会发展的市场需求构成了电子商务的市场基础。技术经济从低级状态向高级状态变换是人类社会发展的总体趋势。随着社会的进步，在市场经济中，商品的范畴由普通产品朝着科技商品、劳动力商品等有形与无形商品拓展。但是，电子商务非常适用于无形商品的买卖、运输、分送等活动。

2. 人才基础

在电子商务中，人才基础是具备当代商贸理论与实践能力和当代信息技术与应用能力的人。此外，具备当代信息技术与应用和商贸理论与实践能力的人是电子商务发展的前提。

3. 技术基础

高效的电子工具是电子商务活动系统化、系列化开展的基础。在电子商务活动的整个过程中电子工具的使用随处可见，伴随着商品的生产和消费这个系列化的过程，电子工具的使用也呈现出系列化的特点，如在商品配送、商品买卖的各个环节中被大量使用的电话、电子货币等，都是电子商务活动系列化开展的基础。实现电子商务活动的系统化，同样离不开电子工具的使用，如广域网（WAN）、局域网（LAN）等，它们是宏微结合、纵横相连、安全可靠、反应灵敏的电子网络，有助于大到国家间、小到零售商与顾客间开展可靠的、便利的电子商务活动。类似这样的电子工具能帮助电子商务过程中，包括商品的需求、生产、交换在内的各个环节，形成一个大系统以及一个有机整体。与此同时，为避免“市场失灵”，我们还应通过技术手段在系统中增加对商品生产、交换的调控。电子商务只有在以上系统化、系列化电子工具的基础上才能开展。

（四）电子商务的对象

电子商务的对象指的是围绕商品贸易的商务活动。在社会再生产发展方面，中间环节的流通、分配和交换在生产、流通、分配、交换、消费链条中是最活跃和变化发展最快的。我们可以把这些中间环节视作基于商品贸易来开展的，也就是交换是商品生产的主要目标——利用商品的使用价值去换取商品的价值，生产和消费等活动是通过以交换为中心产生的流通、分配等活动连接起来的。于是，商务活动指的是围绕商品贸易的各类经济事务活动的统称。由此可见，要想掌握经济的脉搏，就应该发展商品贸易。电子商务的开展既能够增加商品经济的针对性，让有限的能源与物质资源得到合理利用，又能最大限度地避免不必要的物资、货币、商品和人员的流动。

围绕商品贸易的商务活动包括两类概括方式：一是由商品的需求咨询到整个

活动过程，包括订货、结算服务等；二是社会再生产全过程，不包括商品生产以及商品在途运输和储存等过程中的大部分活动。

（五）电子商务的目标

建立一个动态的新型全球商业体系是电子商务的目标。电子商务主要是利用通过网络提供的通信手段在网上进行交易活动，同时也包括企业内部的商务活动。交易内容一般是实体化的，如书籍、家电等；也可以是数字化的，如软件、影视等；同时，还提供远程教育等各类服务。总之，电子商务并不局限于在线交易，而是从生产到消费各个方面影响进行商务活动的所有方式。除了网上购物，电子商务还大大改变了产品的定制、分配和交换手段。对于顾客而言，查找信息、购买产品和寻求服务都非常方便。

第二节　电子商务的分类

一、按电子商务参与主体划分

按电子商务参与主体的不同进行分类，电子商务可以分为以下五种基本类型：

（一）企业与消费者之间的电子商务

企业与消费者之间的电子商务（Business to Customer ，B2C）是在企业或商业机构与消费者之间进行的，类似于零售业。企业或商业机构借助互联网开展在线销售，为广大客户提供在线搜索和浏览，以及各种与商品销售有关的服务，使消费者很容易了解到所需商品的品质和价格，从而在网上直接订购，支付手段通常可以采用电子信用卡、智能卡、电子现金和电子支票等。目前，通过网上商店买卖的商品可以是实体化的，如书籍、鲜花、服装、食品、汽车、电视等；也可以是数字化的，如新闻、音乐、电影、数据库、软件及各类基于知识的商品。还有提供各类便捷服务的网站和应用软件，如安排旅游、住宿、订票、在线医疗诊断和在线教育与培训、网上游戏和娱乐等。B2C 在销售途径方面更容易被控制和掌握，有助于企业拓展产品的知名度，拥有更广阔的市场。从个人角度来说，电子消费拥有更多的自主权，且没有空间和时间的制约。个体消费者随着消费越来越便利，将有更多的精力和时间来完成其他生活事务。

（二）企业与企业之间的电子商务

1.B2B 模式的主要内容及重要意义

企业与企业之间的电子商务（Business to Business，B2B）是在企业之间（包括制造商与批发商之间、批发商与零售商之间）直接进行的网络交易，它是电子商务应用中最重要和最受企业重视的形式。为完善传统商业模式所具有的不足，B2B 需应用网络整体提升企业的管理、经营、产品推广的实力水平，同时重视企业的经营效率。这使企业的新产品宣传更易于迅速进入市场。企业能够应用互联网或其他网络找到合适的合作伙伴，实现从订购到结算的所有交易行为，包含向供应商签约、使用银行托收等形式进行付款和解决在贸易过程中发生的其他问题，如运输跟踪、索赔等。这类电子商务除了双方当事人之外，还需涵盖有关的认证、保险等行业部门，对国际 B2B 来说，还应涵盖商检、外运等行业部门。总的来说，B2B 模式一定需要不同参与方的有机协作和实时响应，因而也可以把这些部门都视为参与对象。

2.B2B 分类

（1）按行业划分

B2B 模式包括两类电子商务，即非特定企业的电子商务和特定企业间的电子商务。特定企业间的电子商务指的是交易往来密切的企业通过网络开展交易活动，这些企业在订供货、市场开拓等方面会开展更默契的合作，建立长期的信任关系，以实现共同的经济利益。非特定企业间的电子商务指的是在开放的网络中，在交易中找到合适的伙伴，与伙伴进行从订购到结算的所有交易行为。在这里，尽管是非特定企业，但只有需要这些商品的企业才能加入此网络，也可以想象成不以持续交易为基础的某一个行业的企业。

（2）按电子商务交易网站模式划分

以电子商务交易网站的不同模式为依据，可以把 B2B 电子商务划分为水平

B2B 模式、垂直 B2B 模式、自建 B2B 模式和关联行业 B2B 模式。

①水平 B2B 模式

水平 B2B 模式的供求信息具有很高的匹配度，此模式的供求信息来源广，集中了不同行业中的大量客户群。但是，此模式缺少对不同行业资源的深度整合和深入理解，造成供求信息不够准确，进而会影响买卖双方长期供求关系的形成。

②垂直 B2B 模式

垂直 B2B 模式增强了供求信息的准确性，是通过整合细分行业资源，以专业化的平台打造符合各行业特点的信息化服务来实现的。中国纺织网、全球化工网、中国化工网、中国医药网与生意宝共同组成了网盛科技，正是此模式的典型代表。此种模式利用供求双方搭建了牢靠的交易关系，弥补了水平 B2B 模式的不足，但是，垂直 B2B 模式也易于导致供求关系的广泛性不足。

③自建 B2B 模式

行业龙头企业的自建 B2B 模式是一种行业化的电子商务平台，此模式是大型龙头企业基于自身的信息化打造程度搭建的，核心是自身产品供应链。行业龙头企业利用自身的电子商务平台把整条产业链连接起来，信息、沟通、交易的实现就是产业链上下游企业利用平台完成的，这种电子商务平台过于封闭，产业链深度整合不足，如果无法发展为电子商务 B2B 平台，就无法满足未来市场发展的要求。

④关联行业 B2B 模式

关联行业 B2B 模式是有关行业为增强当前电子商务交易信息的准确性和广泛程度，融合了垂直 B2B 模式和水平 B2B 模式而搭建的跨行业电子商务平台。

（三）消费者与消费者之间的电子商务

消费者与消费者之间的电子商务（Customer to Customer，C2C）是互联网产生的一种新模式，是一种个人对个人的网上商务交易方式，也有人称之为 P2P。其构成要素除了包括买卖双方外，还包括电子商务交易平台提供商。买卖双方通过电子商务交易平台提供商提供的在线交易平台，如淘宝网、拍拍网，发布商品信息，从事交易活动。由于这种模式为消费者之间直接交易的开展提供了信息和交易的平台，不仅大大节省了消费者之间交易的时间和成本，也提高了社会效益，受到消费者的喜爱，因此，C2C 电子商务的发展非常迅速。

（四）企业与政府之间的电子商务

政府与企业之间包括税收、管理条例发布等各类事务都属于两者之间的电子商务（Business to Government，B2G）。一方面，政府对企业多项职能可以利用电子商务的形式通过互联网及时、充分地发挥，包括指导规范、宏观调控、监督管理职能；另一方面，政府能够利用互联网发布采购清单，并选择符合要求的企业进行供货，从而透明、廉洁地完成对所需物品的采购。政府职能部门利用网络与其他信息技术，能够发挥服务和管理的功能，可以在企业中快速、有效地传达政策法规与调控信息，同时可以根据获得的全方面信息作出科学决策。

总的来说，电子商务的宏观管理者和使用者是政府在电子商务中的两个角色，前者具有规范和扶持电子商务的功能，后者作为商业行为能够进行购买活动。对企业来说，在电子商务中的企业管理者和消费者均是政府。

（五）消费者与政府之间的电子商务

消费者与政府之间的电子商务（Customer to Government，C2G）包含了政府对个人的一系列管理和服务事项。在当代社会中，实现在网上处理个人复杂的事务是政府的职责。这也恰是电子商务中政府作为参与者应开展的管理活动，如政府对个人身份的核实，对生活保障费和公民福利基金的发放，处理公民的举报与信访和收集民意，政府主办的拍卖，公民的电子纳税、自我估税与报税，政策法规的查询等。

目前，提供优质服务、建立良好形象的基础方法都是 C2G、B2G 的电子商务。构建政府网站是核心的运作形式，指的是利用网络打造一个虚拟政府，具有在互联网上开展政府职能工作的功能。政府官方网站建成后，能够提高大众参政议政意识、接受社会民主监督，也能够通过网络使得政府部门各类活动公开化，且实现对政府部门职能、工作章程等的发布。此外，政府官方网站可以让不同国家政府在恰当的范围内彼此了解，增强沟通，由此满足经济全球化发展走向的要求。

二、按电子商务活动的运作方式划分

（一）直接电子商务

直接电子商务，也称为“完全电子商务”，是指在互联网上直接对无形的数字化产品和服务进行交易的活动，可以完全通过电子商务方式实现和完成整个交易过程。它涵盖一系列交易和服务及全球规模的信息服务，包括数字化产品、付款与支付等。企业为挖掘市场潜力，在世界范围内探寻贸易机会，应利用直接电子商务，因为这种电子商务形式没有时间和空间的制约，交易双方能越过地理界限直接进行贸易。此模式之所以被客户深深偏爱，是因为这一模式能够明显降低企业的运行成本且具有迅速、简便、优惠的优点。但是，它的制约点是只可以对适合在网上售卖的服务和商品进行合理经营。

（二）间接电子商务

间接电子商务，也称为“不完全电子商务”，指的是在互联网上对有形货物的电子订货以及交易过程中的一系列服务活动，它无法完全依靠电子商务的方式来完成与实现全部交易过程。此类商品在进行交易时所产生的资金流和信息流能够完全实现网上传输，买方购买商品且向卖方发送订单是利用网络实现的，卖方对各种信息的发布是利用网络实现的，包括咨询信息、商品广告和供货信息，买卖双方购货合同签订后货款的支付也是通过网络实现的。但是，交易的有形商品只能由卖方利用某种运输方式送到买方指定的地点。从商品能直接送到消费者手中，也能够看到电子商务已经突破了商家对不同类型商品批量购进、集中存储、坐店销售的形式。这种商品交割方式的变化，说明网上购物使传统的物流配送向消费者端延伸。因此，有形商品电子商务一定应处理好货物配送的问题。相关服务与有形商品在电子商务中因为有在广阔的地域范围和在严格的时限内送达的要求，通常都应委托有一定规模、具有较强运输能力、应用自动化方式，尤其是发挥互联网最大作用进行信息管理的当代物流配送公司和专业服务机构完成配送工作。

三、按电子商务使用的网络类型划分

按照电子商务使用的网络类型分类，电子商务主要包括三种类型：基于电子数据交换的电子商务、基于互联网的电子商务和基于内联网的电子商务。

（一）基于电子数据交换的电子商务

电子数据交换是按照一个公认的标准和协议，将商务活动中涉及的文件标准化和格式化，通过计算机网络，在贸易伙伴的计算机网络系统之间进行数据交换与自动处理。电子数据交换是一种单证业务传递联系，应用主体为批发商与零售商、企业与企业、企业与批发商之间。电子数据交换电子商务在 20 世纪 90 年代已得到较大的发展，其技术也较为成熟，但是，因为开展电子数据交换对企业有较高的管理、资金和技术的要求，因此电子数据交换至今仍不太普及。但是，由于电子数据交换使用专用网络，安全性比互联网高，目前仍然在安全性要求较高的领域中使用。

（二）基于互联网的电子商务

当前电子商务的主体形式以互联网的电子商务为基础。它应用了当今很多先进技术，包括数据库、计算机、多媒体和通信技术，其中，营销、购物等商业服务是利用互联网实现的。它打破了传统商业生产、批发、零售与进、销、存、调的流转程序和营销模式，实现了零库存、低成本、少投入、高效率。目前，基于互联网的电子商务还利用手机、掌上电脑、PDA 等移动通信设备，通过连接互联网和专用网络进行电子商务活动，包括经营、管理、交易、娱乐等。例如，中国移动通信公司就已经推出了手机支付、手机炒股、手机彩票、GPS 定位服务、移动办公、统一消息服务（UM）、个人信息管理（PIM）和无线广告等移动电子商务服务。移动电子商务的运行需要构建在由计算机网络与互联网、电信服务、传统电子商务系统共同支撑的应用系统之上。

（三）基于内联网的电子商务

基于内联网的电子商务，指的是在一个行业或大型企业内进行的电子商务活动。为有助于搜寻合作企业的有关数据，内联网可以把所有彼此独立的网络通过互联拓展形成共享的企业资源，同时，它可以使多主体之间的授权内部数据共享和数据交换变为现实，多主体之间包括企业与合作伙伴与客户之间、企业内部之间、企业与企业之间。基于电子数据交换的电子商务、基于互联网的电子商务和基于内联网的电子商务三者之间的关系，如图 1–2–1 所示：

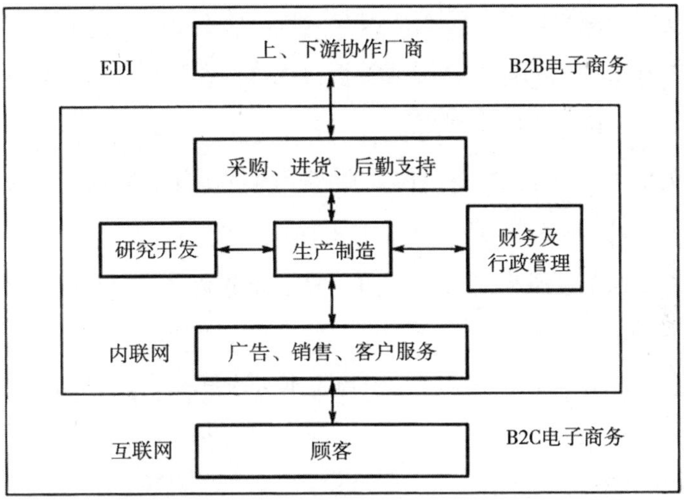

图 1–2–1　电子数据交换电子商务、互联网电子商务和内联网电子商务的关系框图

第三节　电子商务的特性及功能

一、电子商务的本质特征

与传统商务相比，电子商务具有自己的特点，交易虚拟化、交易成本低、交易效率高和交易全球化是电子商务的本质特征。

（一）交易虚拟化

网上贸易各方从磋商、签订合同到支付等交易活动，计算机互联网实现了此过程的无纸化和虚拟化，也就是在交易过程中无需任何文书、单证等纸质工具。从卖方的角度，能够在网络管理机构申请域名，建立个人主页，同时，组织产品网上信息。买方能够依据个人所需挑选广告，得益于网上聊天、虚拟现实等技术的发展。全部交易过程包括网上磋商、签订电子合同、完成交易且电子支付均是在网络虚拟环境中完成的。

（二）交易成本低

电子商务使买卖双方的交易成本大大降低，具体表现在以下几个方面：

第一，所有信息化的商品在网上发布，既可主动散发，又可随时接受需求者的查询，不需要承担促销广告费用。

第二，实现了“零库存”，即什么时候卖出货，什么时候才进货，库存成本降为零。

第三，传统的贸易平台是实体店铺，电子商务贸易平台是网吧或办公室，节省了铺面投资。

第四，交易双方不需亲临现场，实现零距离交易，节省了中间环节费用。

（三）交易效率高

在传统贸易中，用信件、电话、电传进行信息的传递，需要花费人力、物力和时间。在电子商务中，由于互联网把商务贸易中的商业报文标准化，在世界不同地区，让商业报文快速实现传递和计算机处理变为现实。在此过程中，产品生产、银行汇兑等过程均不需要人的参与，缩短了交易时间。尤其对于软件、电子出版物等信息产品，电子商务是最佳选择，用户可以在网上付款后，直接下载所购物品。

（四）交易全球化

互联网是一个全球性的公共网络，电子商务具备“全球化”的特征。网络的跨国界使得网上交易打破了国界的贸易壁垒，谁主导了电子商务，谁就占据了大商务环境中的主动权。为此，美国签署了由十九个政府机构参与起草的《全球电子商务纲要》，并派专人到各发达国家游说，其目的不言而喻。我国政府也非常重视电子商务的发展，以便抓住历史机遇，提高综合国力。

二、电子商务的功能

（一）电子商务的基本功能

从电子商务层面分类，人们能够把商务活动的分析和分解为信息、管理和交易三个层面。所有商务活动都可以归入其中的一类，或者同时归入两类、三类。按照电子商务功能目标的不同，与信息、管理和交易服务相对应，可将电子商务的基本功能概括为“3C”，即内容管理（Content Management）、协同处理（Coprocessing）和交易服务（Commerce）三大类。

1. 内容管理

内容管理即管理网上需要发布的各种信息，通过充分应用信息来提高企业或产品的品牌价值，扩大企业影响和服务范围。其中共包含三个层面：信息沟通的渠道与信息的分布、信息服务（集成信息资源以及信息搜索、分类、处理）和信息的安全（保密、真实、可靠）。

2. 协同处理

协同处理是指能支持不同组织（如企业和企业之间、供应链和供应链之间、企业和政府机构之间）、不同部门（如企业各个部门之间、政府各个部门之间）、不同群体人员的协同工作，提供自动处理业务流程，从而减少成本和缩短开发周期。其主要内容包括：通信管理（电子邮件和信息系统）、人力资源管理（雇员的自我服务等）、连接企业内部网和外部网、办公自动化（合同管理、合同审定和签署等）。

3. 交易服务

交易服务即电子方式下的买卖活动，具体包括四个方面的应用：市场与售前服务、销售活动、客户服务、电子货币支付。电子商务的交易服务过程与普通贸易过程一样，也分为三个阶段：交易前、交易中和交易后。在交易过程中，交易服务涉及三个方面的内容：信息交换、电子数据交换和电子资金转账。

（1）交易前

交易前指的是交易各方在签订交易合同前寻找恰当的贸易伙伴，同时要掌握对方的信誉与条件，利用网络交换信息对比价格并最终确定交易对象。

（2）交易中

交易中指的是在电子合同签订后，涵盖税务、商检等层面的电子单证交换的贸易交易过程，此种交换大多是利用电子数据交换系统来完成的。

（3）交易后

交易后指的是交易双方办理完各类手续后，商品交付运输公司开始运输，物流过程能够利用电子商务网络追踪货物的进程。银行遵照合同，需要根据贸易方出具的单证向另一方支付交易资金和对应的银行单证，完成整个交易过程。

电子商务的系统功能分类是既有区别又相互联系的三个方面，它们的组合构成了电子商务的基本功能。如图 1–3–1 所示为电子商务的“3C”功能。

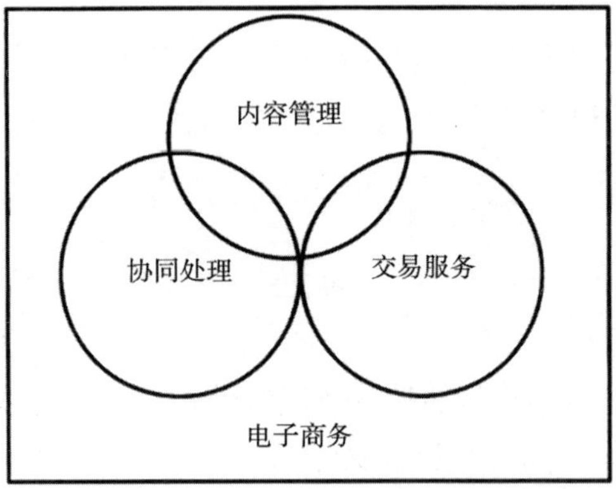

图 1–3–1　电子商务的“3C”功能

（二）电子商务的交易功能

电子商务在网上开展的所有交易和管理服务均是应用互联网实现的，涵盖广告宣传、交易的咨询洽谈、网上订购与招标电子账户与网上支付、服务传递等各项功能。

1. 广告宣传

电子商务能够使企业以电子邮件（E–mail）、Web 服务器和网络主页（home page）为平台，通过互联网在世界范围内开展广告宣传，宣传企业形象以及发布各类商品与服务信息，客户快速找到自己所需的商品信息是利用在线检索工具实现的。网络广告相较于其他广告类型具有成本低的特点，但客户却能从中获得丰富的信息。

2. 咨询洽谈

企业能够通过非实时的讨论组（Chat）与新闻组（E-mail，News Group）商谈交易事物及掌握市场和商品信息是通过电子商务的应用来实现的，还可以通过BBS、白板会议（Whiteboard Conference）对信息进行及时交流，以深入满足企业要求。在网上进行的交谈与咨询可以摆脱面对面交谈的制约，提供便利的异地洽谈方式。

3. 在线订购与招标

企业在互联网上开通在线订购、查询系统，客户就可以进行在线电子采购。当客户填写并确认订购单后，系统会回复确认信息给客户，表示订购信息已收悉，并将客户的订单传输给企业的相关业务部门。通过这种方式，一方面，企业可以实时地操作订购、生产、销售业务和电子商务全过程，保证对销售活动进行紧密地跟踪；另一方面，客户可以在线实时了解自己在线订单的实时进展状况，并查阅账户报告书，实现在线电子采购。企业在互联网上开通招标系统，可以将自己需要外包的业务通过在线招标系统，面向全球进行招标、竞标、发标。

4. 电子账户与网上支付

网上支付是电子商务交易过程中的重要环节，企业在网络银行开设电子账户，客户可以通过多种电子方式完成网上支付，包括电子支票、信用卡等。企业要想提高品牌形象、节约交易成本、加强客户联系、提升支付效率，都可以应用网络电子支付创建网上电子账户的方式来实现。

作为电子账户管理最基础的构成部分，网上支付一定应以电子金融为前提开展，也就是金融单位要为金融服务提供网上操作的服务，如保险公司、银行等。银行账号或信用卡号的可信度应通过一定的技术措施来作保障，加密、数字证书等方式为电子账户操作增添了安全性。

5. 服务传递

电子商务应用服务传递系统把商品传送到已订货且付款的客户手中。服务传递系统能够利用快递业实现商品的传递，同时对有形商品来说，服务传递系统能够利用网络实现异地和本地的仓库的物流调配，但信息服务、软件等无形的电子产品应迅速从在电子仓库中把商品通过网络直接传送给客户。

第四节　电子商务的发展趋势

一、我国电子商务的发展趋势

作为网络应用的发展方向，电子商务具有不可预估的增长前景，有望发展为21世纪人类信息世界的支柱。电子商务还会建立21世纪新型的经济贸易架构。在很多方面着力发展电子商务都具有核心的战略意义，包括提升国家竞争力、以信息化带动工业化的国家方略、实现跨越式发展。

尽管当前还无法预测电子商务交易模式何时才可以发展为商务交易的核心模式，但电子商务具有无限的发展潜能。一方面，电子商务交易的潜在消费者数量庞大；另一方面，电子商务的交易额仍在快速增长。因此可以预见，电子商务交易模式在未来仍有巨大的发展空间。

电子商务经历了广告网络化、零售网络化，正在逐步实现供应链实时协同，未来会出现C2B（Customer To Business）的商业模式分支（个性化需求、多品种、小批量、快速反应、平台化协作）。

供应链上越来越多的厂家直接参与电子商务，而不再是原来那种层层分销到最末端的渠道销售模式，供应链可以直接与大型B2C企业对接，通过物流分类批量地把这些商品高效地提供到客户手里，企业可以了解每一个环节的数据，优化每一个环节的效率。

（一）电商与传统厂商、线上和线下的关系

作为渠道，线上和线下将会长期共存，线下依旧会是零售的主渠道。传统厂商未来将有机整合传统渠道和电子商务，实现线上和线下一体化，并将互联网平台作为一个重要的分销渠道来管理。

当前，线下实体门店确实受到了书籍、服装、家具等行业电商的大幅度影响，但在高端服装、奢侈品类中，电商仅充当了品牌商们的库存清理平台。

（二）发展环境不断完善

外部环境的优化是电子商务能够快速发展的前提。营造电子商务国际环境的核心环节是相关国际组织对“企业与政府迈向电子商务的全球行动计划”的研发和制订。为打造一系列全面的商业法律环境，我国正通过建立信息安全、网络安全等方面的法律制度来解决电子签名、电子商务合同等合法性问题。此外，一个有序的、开放的市场经济竞争环境在国家科学宏观调控的基础上正在逐步形成。此外，网上认证中心、订货、支付等安全交易的运行环境都是通过电子商务运用信息通信部门不断优化搭建的外联网、互联网等网络实现的。

在电子商务范畴中，对基础设备的不断补充是必然趋势，这会使环境变得越来越规范，不但会使个人更加深入、宽广地参与电子商务，而且会使企业更深入地拓展电子商务范围。随着三网合一趋势的发展，多媒体、图像通信网将建成使用，中国电子商务发展的网络瓶颈的缓和与突破的主要原因是高速宽带互联网在不断地发挥作用。电子商务基础的不断规范和完善得益于良好的运行环境和网络平台。由当前点对点的直线形式发展为多点式的智能形式是个人对电子商务的应用方式。

（三）个性化趋势

个性化定制信息需求度不断提高，深入发展个性化商品是必然趋势。在传统秩序型经济社会组织中，个体的解放体现为互联网的出现、发展和普及，这不但为消费者主权的实现提供了更有效的技术基础，而且为创造力与个性的凸显提供了一个有益的平台。在此方面，个性化商品和个性化定制信息需求将被视作发展趋势。在商品的设计与制造进程中，消费者使个人的喜好融入了此过程中，每一类个人消费者的电子商务活动成功或失败的根本因素在于相应服务是否相较于传统商业有着更显著的个性和多样化。

（四）专业化趋势

在互联网领域发展前景广泛的主要有两种：分别是面向行业的专业电子商务平台和面向消费者的专业化与垂直型网站。一方面，面对个人消费者的专业化趋势，非常关键的是应与消费者个性化所需相一致，提供专业水准的服务与专业化的产品线；另一方面，面对企业客户的专业化趋势，对于B2B电子商务模式来说，以大的行业为基础的专业电子商务平台具有很好的发展潜力。

（五）国际化趋势

我国电子商务正面对着全球电子商务强手的残酷挑战。没有时间和空间的制约，可以科学地突破地区与国家间各类有形和无形的阻碍，被视为互联网最突出的优点之一。这对推进每一个国家与地区各方面的沟通有至关重要的意义，包括对外经济、技术、信息等的沟通。电子商务能够有成效地激发对外贸易。所以，我国电子商务企业会伴随国际电子商务环境的完善和规范不断走向世界。为了让我国在市场经济道路上的后发不足发展为后发优势，我国企业要积极追赶发达国家。电子商务对我国的中小企业利用好不同类型资源来说是一个良好的机遇，有助于拓展我国中小企业的国际市场。

（六）融合化趋势

形成新的融合趋势是电子商务网站经历一定时间发展后的必然结果。总体体现在三个方面：一是战略联盟。电子商务发展呈专业化、个性化的特点，客户需求虽然是全面的，但各网站在资源方面却是有限的，因此，各类型的网站采取战略联盟的方式彼此合作是必然趋势。二是同类别网站之间的合并。三是同类别网站之间互补性的兼并。

（七）盈利模式日趋丰富

风险投资家看重的电子商务商业模式自电子商务起步阶段就在持续演变。自初期的网络链接到B2B、门户等，此后从中又划分为许多新的模式。第一类模式指的是企业利用网络开展的以消费者为中心的商品经营活动。此类模式能够使虚拟店取代实体商场成为现实，这也是与传统零售模式的不同之处，既让企业能够向全球消费者销售商品，又省去了消费者到实体店购物的时间与其他成本。第二类模式指的是企业利用网络开展的针对消费者的服务活动。此类模式为订票、游戏等传统服务行业带来了革命性的变化。第三类模式指的是企业利用网络开展的针对企业的商品营销活动。此类模式除了能与有业务来往的合作伙伴进行贸易之外，还实现了向世界范围内的企业销售商品。第四类模式指的是利用网络开展的针对其他企业的服务活动。这也是企业的主要收入渠道，此类模式能够为全世界的企业提供服务，是不同于传统服务模式的一点。

总的来说，电子商务伴随信息产业及技术和经济全球化的快速发展，不但会发展成不同国家优先发展和信息沟通的热点，还会发展成不同产业部门最重视的领域。中国要想在市场中有立足之地，就必须具有前瞻性和战略性的眼光，满足全球经济一体化的要求，努力发展与我国国情相符合的电子商务。

二、国外电子商务的发展趋势

全球电子商务 80% 的交易额是在企业和企业之间完成的，而不是在企业和消费者之间完成的。全球 B2B 业务的交易额在逐年上涨，电子商务交易额规模也保持了 20%～30% 的增长。全球电子商务服务业在未来几年之内仍将处于高速增长周期。

（一）北美电子商务的发展趋势

电子商务在欧洲与北美的发达国家中取得了长远的发展。美国销售额每年不断提高，被视为全世界最大的电子商务市场。美国制造业的电子商务最为显著，之后为批发贸易。欧洲联盟（简称欧盟，European Union）电子商务表现出如下三个特征：

第一，信息通信技术基础增强。应用宽带上网的企业大概占总企业数量的 1/3，在市场支持与销售过程中应用通信技术的企业约占总企业数量的 17%。

第二，企业在网上销售的比例与企业的规模大小呈正相关。

第三，在全球企业电子商务应用过程中，位于最前面的往往都是瑞典、德国等欧盟国家。

电子商务起步于经济相对发达、信息基础设施较完备的地区，同时随着互联网的拓展而快速发展到全世界的不同地区。美国电子商务网站的经营获得不小的成功，产生了很多如亚马逊等知名的电子商务网站，在很大程度上促进了美国电子商务的发展。

美国联邦政府应用合理管理模式，提高对电子商务的管理和美国政府在信息产业基础等方面的大力支持均是美国电子商务得以快速发展的原因。在国际电子商务竞争与合作过程中，美国形成的“全球电子商务框架”，对美国甚至全球不同国家电子商务的发展产生了积极作用。

（二）欧洲电子商务的发展趋势

政府的政策扶持和引导，在英国电子商务发展中具有至关重要的作用。电子商务的另一个核心动力是因特网的推广。当前英国差不多所有家庭均已通网，公司企业也实现了全范围网络覆盖。很多传统企业以原有优势为基础，利用少量投资把电子商务打造成领军行业。这些行业的网络业务均占到所有业务的40% 以上。

此外，所有跨国信息与通信技术公司均在英国建有研发基地，得益于英国具有较雄厚的基础，大多数中小企业具备创新性技术，本土研究机构与大学研究力量强，具有很强的软件产业。

电子商务的快速发展，对英国构建知识经济和提高国际竞争力具有至关重要的意义。越来越多的英国企业应用电子方式改造传统商务，缩短了与“宽带英国”理想的距离，英国电子商务仍在不断发展。在电子商务领域，英国政府所期望保持领先的地位将会不断夯实。

这些国家电子商务发展经验主要包括：

第一，主动建立国家电子商务的规划、发展战略和行动计划。不同国家、地区应用“e”计划引领电子商务发展，如德国政府建立了相应的行动计划，即“德国 21 世纪的信息社会”。

第二，为促进电子商务环境的建设，增强对电子商务工作的领导，各国政府应建立专门机构。这些机构负责制定发展电子商务的政策，且统筹督导有关部门实施，是政府电子商务工作组的职责。为促进电子商务的发展，多个部门可以共同建立了小企业电子商务工作组，包括农业部、商务部和小企业管理局。英国政府建立了电子商务专员办公室，任命贸工部长为电子商务大臣。

第三，注重打造电子商务的社会环境。在欧盟、北美和亚洲不同国家中，处于首要发展地位的均是不同方面的法律法规建设，包括安全网络、信息高速公路、电子交易。

第四，制定优惠政策，主动引领与支持企业进行电子商务。

（三）非洲电子商务的发展趋势

据统计，全球平均每 10 000 个网民注册域名数量为 94 个，但在非洲，相同的网民数量平均仅拥有 1 个域名。显然，互联网在非洲有着极大的增长空间。

在非洲大陆上，通过建立一个生机勃勃的、自给自足的互联网体系，将会吸引越来越多的本土人士接触和使用互联网。而打造这个具有非洲特色的互联网的关键就是网络上的非洲特色的本土文化。电子商务在非洲具有巨大的发展空间。

（四）亚洲电子商务的发展趋势

亚洲和太平洋地区人口众多，经济发展速度较快，是世界电子商务发展最有潜力的地区之一。

近年来，电子商务在日本获得了快速发展，成为个体消费者获得所需服务或商品最便利的渠道，也成为企业间不能缺少的交易方式。

中小企业在新加坡产业规模中占有很高的比例，新加坡电子商务发展途径与中国有很多类似的地方，新加坡在产业的不同方面既具有优势又具有不足，如中小企业在其信息产业构成中占的权重较低，因此具有规模小、易调整方向的优点，但在产业的掌控方面缺乏经验，需要政府部门提供相应的指导。但是，此任务是由新加坡资讯通信媒体发展局（Infocomm Development Authority，IDA）负责开展的，使得中小企业能够依据各自的实际情况采取有针对性的措施，不用完全按照相关政策执行，这得益于新加坡资讯通信媒体发展局推出的政策是非强制性的，同时具有两个特点，即指导性与宏观性。在电子商务的发展方面，中小企业在三个方面受到了新加坡资讯通信媒体发展局的支持和协助，分别提供专业化的指引、资金方面的支持和相应的融资政策扶持。当前，许多企业已主动投入对电子商务的拓展中，也得益于政府建立的优良商业环境和对基础建设的大力扶持。这些年来在政府支持与引领下，新加坡电子交易额保持着持续的上升趋势。

三、促进我国电子商务发展的措施

根据国外电子商务的发展情况来看，在国家经济的稳步发展方面，电子商务的稳步提升具有重要意义，倡导拓展电子商务是很多国家与地区支持中小企业发展决策方面的共识。

政府重视是电子商务发展的前提。要想企业更好地发展，政府就需要在电子商务方面增加发展资金。政府部门的参加和引导对企业有非常重要的意义，这是因为许多企业还未形成对信息化网络的认知，需要政府的干预与引导。在电子商务运用的推广和电子商务整体环境的发展方面，政府的政策均具有积极意义。在 1998 年，美国实施《互联网免税法》以来，截至 2006 年底，电子商务均是无需缴纳税金的，当前美国电子商务能够得到了很大程度的发展，得益于其税收低于其他行业。在了解了美国政府实施的有效措施与所产生的后果后，目前阶段，为使得电子商务的发展可以吸引到更多的中小企业投资，我国政府需要从两个方面加大对中小企业电子商务的支持力度，分别是提高政府的财政补助和凭借税收优惠政策促进中小企业电子商务的发展应用。网络是电子商务开展的前提，政府还需增加对信息基础设施建设的扶持。在这一层面，国家为扩大网络的覆盖范围，应与大的网络服务商进行合作，特别是某些中小企业集中的工业圈。

不考虑政府的财税政策，金融服务机构也应不断优化。融资对于中小企业的发展来说是一个具有约束力的要素。与发达国家不同，为使得电子商务可以健康、稳定地发展，我国就必须在探索的过程中，发现、解决和总结问题的成因和颁布有关法规制度，以实现在平台运作模式、应用和电子商务发展方面不规范、不成熟的问题的规范化。例如，网络信息安全等许多在中小企业电子商务发展过程中遇到的问题都应得到解决。中小企业电子商务的进一步发展是以完备的外部环境为前提的。电子商务无法在很短的时间内发展起来，因为它是一项系统工程，具有复杂、庞大的特点。

（一）做好电子商务的发展规划和宏观指导

作为一种新生事物，电子商务在政策制定方面具有较大困难，这是因为电子商务的业务模式未最终定型且技术发展速度很快。这就要求政策制定者始终具有高度的敏感性，增强研究力度，适时制定支持电子商务发展的政策。在此过程中，包括行业协会等中介组织为协助政府要做好产业发展规划、企业与政府部门的信息交流，充分发挥自己联系政府与企业的纽带作用。

（二）加强基础设施建设

为实现以牢固的环境建设为前提的电子商务的发展，作为以信息网络为基础的商务活动，电子商务应建立信息传输设备的研制、网络的建设等信息基础设施。我国应建立一个具有多个特点且值得信赖的网络体系，包括可以确保信息的完整性和安全性、多层次、开放性等特点，同时，应优化国内用户环境，增强基础网络的搭建。

（三）加强电子商务相关技术研究

作为一类新型商务模式，电子商务应以 Web 浏览技术、电子支付技术等领先技术作为保障。尽管一些技术已达到相对成熟的水平，但是，近些年来，有很多新技术产生且得到应用推广。

第一，网络技术解决的是电子商务的承载平台问题。

第二，Web 浏览技术解决的是电子商务的信息呈现问题。

第三，数据库技术解决的是电子商务的数据存储问题。

第四，电子支付技术解决的是电子商务的货款支付问题。

第五，安全技术解决的是电子商务的交易安全性问题。

第六，物流配送技术解决的是电子商务的货物交付问题。

（四）充分发挥政府的引导作用

政府的作用在发展电子商务时是无可代替的，具体表现在如下两个方面：

第一，制定与电子商务有关的法律法规。

第二，政府采购需要率先垂范。根据电子商务开展的政府采购，不但能够缩短流通环节，还能够提升采购的效率，减少政府采购所用资金，与此同时，还应推动企业信息化建设。

（五）积极探索电子商务盈利模式

对一个企业而言，在众多的经营商业模式中只有一些是与本企业相适用的，所以，为实现盈利的目标，企业一定要主动探索与自己特征符合的商业模式。

（六）大力推进企业信息化建设

信息化既是提升企业竞争力的重要工具，又是企业提高管理水平的有效方式。为科学地降低生产周期、调控流动资金与库存资金占用比、迅速和敏捷地应对市场的变化，我们应利用信息化建设，重组和完善企业的流程，把企业外部和内部资源进行统一整合。

（七）建设完善的社会信用体系

社会信用问题直接与所有公民、组织和集体相关联，既是一种社会主义精神文明问题，又是一种商业问题。只有全社会共同努力，才能优化社会信用体系。

（八）加强电子商务人才培养

我国电子商务伴随经济全球化和信息化的发展，正逐渐应用到社会经济的各个方面，且逐渐实现全面运用。但是，电子商务是一类以传统产业为前提的商业模式，为使电子商务的产业化发展变成现实，在进行电子商务和传统产业的融合时，应优化升级传统产业中的有关内容。所以，从不同层面来说，培养对电子商务有深刻理解且熟悉传统产业的各类人才是必要的，包括高素质、行业化的人才。

当前，我国电子商务已经步入稳定发展阶段。在全国性法律层面没有障碍。

我们还应在电子商务标准制定、电子商务盈利方式等商务有关技术工作的研究中加大投入力度，最大程度发挥政府的引导作用，在建立完备的社会信用体系的同时，促进企业信息化建设，同时，既能最大限度地缩短多层次熟练理解电子商务又能深入掌握传统产业人才的培养周期。只有如此，我国电子商务才能够实现可持续发展。这不单是我们加入经济全球化竞争与融入世界经济大潮的需要，还是我国提高产业结构调整速度与增加国民经济整体水平的需要。

第二章　电子商务的技术基础

电子商务的广泛运用依赖技术的支撑，特别是网络技术和安全相关的技术。随着现代科技的发展，在原有基础技术上，许多前沿新兴技术也为电子商务领域带来了新的发展机遇。本章从电子商务的网络基础、电子商务的安全技术与支付技术、前沿技术在电商领域的应用三个方面简要介绍了电子商务的相关技术。

第一节　电子商务的网络基础

一、网络基本知识

说起网络，我们就必须知道什么是互联网。我们现在所应用的互联网最早是在美国发展起来的。1969 年，美国国防部高级研究规划署（Advanced Research Projects Agency，ARPA）为了军事目的建立了一个试验性的网络，目的是在军事中心的某台计算机受到攻击后，所有的工作都不至于因此而瘫痪，所以，研究建成了一个试验性的网络，叫作 ARPANET（ARPA 网）。这样，在一台计算机受到攻击损坏之后，其他计算机还可以承担这台计算机的工作，而这个网络就是我们现在所用到的互联网的雏形。此网络最初只连接了 4 台计算机，1973 年发展到 40 台，1983 年已有 100 多台不同型号的计算机加入了 ARPA 网。ARPA 网不仅跨越了美洲大陆，连通了美国东部和西部的许多高等院校和研究机构，还通过卫星与欧洲等地的计算机网络相互连通。

到了 20 世纪 80 年代，个人计算机得以迅速发展和普及，计算机的应用几乎渗透到社会生活的每一个领域。个人计算机的出现为计算机网络的发展提供了一个新天地，在 ARPA 网的发展基础上孕育了互联网（Internet）的诞生。到了 20 世纪 90 年代，随着互联网在通信、资料检索、客户服务等方面的发展而呈现出巨大的商业潜力，世界各地无数的企业和个人纷纷涌入互联网，互联网成为世界最大的计算机网络。

（一）计算机网络

1. 计算机网络的定义

计算机网络是指将分布在不同地理位置上的具有独立功能的计算机、终端及其附属设备用通信手段连接起来以实现资源共享的系统。

2. 计算机网络的主要功能

互联网的主要功能是资源共享。根据资源共享的不同方式，互联网提供以下几种信息服务：

（1）电子邮件（E-mail）

电子邮件是指通过网络技术收发以电子文件格式编写的信件。在 ARPANET 发展的早期就可以编写、发送和接收电子邮件，现在电子邮件已成为互联网上使用最广泛的服务之一。在浏览器技术产生之前，互联网上的用户之间的交流大多数是通过电子邮件方式进行的。随着互联网的发展和电子邮件系统的不断完善，再加上多媒体技术的发展和应用，发送电子邮件可以附加任意格式的文件，这些文件可以是图片、音频和视频等。

（2）文件传输（FTP）

文件传输是文件传输协议。所谓文件传输指的是将远程文件复制到本地计算机（下载，download），或将本地文件复制到远程计算机（上载，upload）。远程文件一旦复制到本地计算机上便属于本地文件，与远程系统无关，用户可以对该文件进行读写等操作。

（3）远程登录（Telnet）

远程登录可以使本地计算机连接到一个远程计算机上，执行远程计算机上的程序，登录以后的本地计算机就像是远程计算机的终端，可以使用远程计算机允许使用的各项功能。远程登录通常需要一个合法的账户。

（4）电子公告牌（BBS）

电子公告牌实际上是一个信息发布和广播系统，包括信件讨论、文件交流、信息布告和交流讨论等几个部分。

①信件讨论

这是电子公告牌最主要的功能，包括各类的学术专题讨论区、疑难问题解答区和闲聊区等。在讨论区中，使用互联网的用户可以留下自己想要与别人交流的信件，如各种软件和硬件的使用，以及天文、医学、体育、游戏等方面的心得和经验。

②文件交流

这也是电子公告牌令用户感兴趣的功能，大多数的电子公告牌站点都设有文件交流功能，一般依照不同的主题分区存放了为数不少的软件、资料和电子图书。

③信息布告

众多的电子公告牌站点中有不少网站会发布一些信息，如怎样使用电子公告牌、国内电子公告牌站点介绍、某些热门软件的介绍等内容。电子公告牌还可以构建在线游戏、用户闲聊等功能，以满足用户休闲娱乐的需求。

④交流讨论

为数不少的电子公告牌提供了在线聊天的功能，从最初的文字交流到现在的声音甚至视频交流，如 QQ、Chat、Netmeeting 等。

（5）WWW 服务

WWW（World Wide Web，万维网）是一个基于超文本方式的信息查询工具，实际上是一个由文件、图片、声音、动画以及视频构成的巨大的信息媒体库，这些信息存储在遍布全球的各种各样的计算机中，要访问 WWW，必须使用浏览器。

（二）局域网系统

1. 网络硬件系统

（1）网络服务器

网络服务器是可被网络用户访问的计算机系统，包括可为网络用户提供服务的各种资源、负责对这些资源进行管理、协调网络用户对这些资源的访问。服务器是局域网的核心，网络中可共享的资源大多集中在服务器中，如大容量磁盘或存储器、网络数据库等。局域网上的用户可以通过服务器共享文件、数据库和外部设备等。按照提供的服务不同，服务器可分为 WWW 服务器、域名解析服务器、邮件服务器、文件服务器，数据库服务器、视频服务器等。因此，充当服务器的计算机应具有较高的性能，包括较快的速度、较大的内存、较大容量的硬盘等。

（2）网络工作站

网络工作站是指使用户在网络环境上进行工作的计算机，网络工作站现在经常被称为客户机。在局域网上，服务器一般只存放共享数据或文件，而对这些数据或文件的运行和处理则是由工作站来完成的。

（3）网络交换互联设备

当要把两台或多台计算机连成局域网时，就需要使用交换互联设备，交换互联设备包括网络适配器（网卡，可以互相通信的计算机的网卡应采用相同的协议）、调制解调器（俗称“猫”，是计算机电话上网所必需的设备）、网络传输介质（双绞线、同轴电缆、光纤和空间介质等）、集线器（Hub 集线器一般有 8、16 或 24 个端口，每个端口可以与计算机或其他集线器连接）、路由器（通常是一台专用设备或者就是一台计算机，在其上面可运行能识别各种网络协议的软件。在互联网中，网络与网络的连接，都是通过路由器实现的）和网关等。

（4）防火墙

防火墙是在内联网和互联网之间构筑的一道屏障，是在内外有别及在需要区分处设置有条件的隔离设备，用以保护内联网中的信息、资源等不受来自互联网的非法用户的侵犯。需要指出的是，其他防火墙如病毒防火墙、邮件防火墙等与网络防火墙不是一个概念。

（5）外部设备

外部设备是可被网络用户共享的、常用的硬件资源，如大型激光打印机、绘图设备、大容量存储系统等。

2. 网络软件系统

计算机系统是在计算机软件的控制下进行工作的，网络软件是一种在网络环境下使用、运行或者控制和管理网络工作的计算机软件。互相通信的计算机必须遵守共同的协议，因此，网络软件必须遵守网络协议，并在协议的基础上提供网络功能。

根据网络软件的作用和功能，可把网络软件分为网络系统软件和网络应用软件。网络系统软件是指控制和管理网络运行和网络资源使用的网络软件，为用户提供了访问网络和操作网络的人机接口。网络应用软件是指为某一个应用目的而开发的网络软件。

在网络系统软件中，最重要的是网络操作系统，网络操作系统往往决定了网络的性能、功能、类型等。局域网上有很多种网络操作系统，目前使用最广泛的主要有 Novell 公司的 Netware、微软（Microsoft）公司的 Windows、Banyan 公司的 VINES 以及 UNIX、LINUX 等。

网络应用软件是利用应用软件开发平台开发出来的一些软件，如 JAVA、ASP、Perl/CGI、SQL 以及其他专业应用软件。

二、网络技术基础

（一）网络通信协议

1.TCP/IP 协议（Transfer Control Protocol/Internet Protocol）

TCP/IP 协议称为“传输控制协议 / 互联网协议”二组协议，又称为网络通信协议，这个协议是国际互联网的基础。网络的功能就是使处在不同地理位置上的计算机相互通信，而计算机是固定的，且可能处在不同的网络内部，有的是局域网中的计算机，有的是校园网中的计算机，有的是科研网上的计算机，让它们能在不同的网络之间通信就必须让不同的计算机使用某种共同的协议，这样计算机虽然不同，却可以理解另一台计算机发送来的消息，这个协议就是 TCP/IP 协议。或者说，TCP/IP 协议就是解决异种网络之间通信的问题。

从名字上看，TCP/IP 包括两个协议：传输控制协议（TCP）和网际协议（IP），但 TCP/IP 实际上是一组协议，包括上百个各种功能的协议，如远程登录（Telnet）、文件传输（FTP）和电子邮件协议等，而 TCP 协议和 IP 协议是保证数据完整传输的两个基本的重要协议。TCP/IP 协议的基本传输单位是数据包，TCP 协议负责把数据分成若干个数据包，并给每个数据包加上包头，包头上有相应的编号，以保证在数据接收端能将数据还原为原来的格式，如果还原不了，那么就有可能是发送过程中出了问题，计算机会自动要求重发，而 IP 协议在每个包头上再加上接收端主机地址和发送方的主机地址，这样数据能够找到自己要去的地方。IP 协议保证数据的传输，TCP 协议保证数据传输的质量。

现在用到的还有 IPX/SPX，NETBEUI，DLC 协议等，我们只介绍 TCP/IP 协议。

2.IP 地址

IP 协议提供了一种统一的地址格式，使互联网上的每一台计算机都会分配一个唯一的地址，即 IP 地址。IP 地址它类似上网的全球通用户都有一个唯一的电话号码一样，IP 地址由 32 位二进制组成，通常用 4 组 3 位的十进制数表示，中间用小数点分开，其范围为 0～255，如 202.115.114.198。根据网络的大小，IP 地址分成 A、B、C、D、E 等等级。因此，由 IP 地址的第一组数值即可知道该 IP 地址属于哪个等级：0～127 是 A 类网络，128～191 是 B 类网络，192～233 是 C 类网络，224～239 是 D 类网络，240～255 是 E 类网络。C 类网络一般用于单位内部网络，E 类网络用于特殊用途。需要说明的是，目前的 32 位 IP 地址以后会被淘汰，这是因为它不能满足互联网地址日益增长的需要，将会被 128 位的 IP 地址所替代。

完整的地址分为两个部分：一个是网络号，另一个是主机号。网络号标识一个网络，而主机号标识这个网络的一台主机。那么，一个 IP 地址上哪些是网络地址？哪些是主机地址呢？这就要用到子网掩码。

3. 子网掩码

子网掩码是另一组数字，尽管其格式与 IP 地址相似，但并不是其自身的地址，而是定义了 IP 地址中哪些数字是与网络有关的，哪些数字是与主机有关的。在多数情况下，我们看到的是类似于 255.255.255.0 的子网掩码。结合地址 192.168.1.1 来看，192.168.1 是该地址的网络部分，而末尾的 1 则是主机地址。计算机要与其他计算机和互联网实现通信，就需要一个 IP 地址和一个子网掩码来对该地址进行定义。

4. 默认网关

默认网关不过是一种同时连接着互联网以及计算机所连接的网络部分的设备。计算机利用这种设备与互联网进行通信。

5.DNS 地址

如果人们只能用数字型的 IP 地址来进行网络和主机标识，显然是存在难以记忆的问题。为了解决这一问题，互联网的研究人员研制出一种字符型标识方法，即为每一个接入互联网的主机起一个字符型的名字，称为域名，用它来作为主机的标识，这样方便记忆。域名也是由若干部分组成的，每部分由至少 2 个字母或数字组成，各部分之间用圆点分隔开，最右边的是一级域名，再往左是二级域名、三级域名。为了将域名和对应的 IP 地址映射一致，必须建立相应的域名服务器，由它们负责注册该域内的所有主机，即建立本域中的主机名与 IP 地址的对应表。当服务器收到域名请求时，会将域名解释为对应的 IP 地址，对于不属于本域的域名则转发给上级域名服务器去查找对应的 IP 地址。在互联网中，域名与 IP 地址的关系并非一一对应，注册了域名的主机一般都有一个固定的 IP 地址，但不是每一个 IP 地址都对应一个域名。DNS 地址就是用于帮助在互联网上查找网站和其他设备的计算机或其他网络设备的 IP 地址。域名服务器（DNS）本质上是一台知晓互联网上访问目标位置的计算机或设备，DNS 通常是位于互联网服务提供商（ISP）业务端的计算机。

中国的域名管理机构是中国互联网络信息中心（China Internet Network Information Center，CNNIC），该中心成立于 1997 年 6 月 3 日，行使国家互联网络信息中心的职责。中国科学院计算机网络信息中心承担中国互联网络信息中心的运行和管理工作，中国互联网络信息中心在业务上受信息产业部领导，在行政上受中国科学院领导。

（二）内部网和外部网

内部网（Intranet）是利用互联网技术建立的企业内部信息网络，一般由 Web 服务器、电子邮件服务器、数据库服务器和客户端的 PC 机组成，内部的 PC 机可以访问服务器的内容，可以用电子邮件服务器发送电子邮件，可以利用数据库服务器完成企业内部的相关业务，也可以通过服务器连接互联网，而且传送数据在网内也受到保护。但是，互联网上的计算机访问内部网资源要受到一定的限制，也就是说内部网的服务器利用防火墙可以限制外部计算机对内部资源访问的范围。

内部网的企业为保证数据安全要使用网络防火墙，限制外部网络的访问，保证数据传送的安全，但是，对于一些合作伙伴，如供应商、熟悉的客户，如果也受到这样的限制，就会影响与他们的联系和业务往来，并且，数据在互联网中传输非常不安全，容易被别人查看、修改，而这些通信伙伴又比较固定，而且有限，由此，企业又提出了外部网的概念，也就是 Extranet，它是与内部网（Intranet）相对应的概念，主要是利用互联网技术把一些属于网络内部的企业联合在一起建立的一个信息网络，外部网处于网络防火墙之后。内部网和外部网示意图如图 2–1–1 所示：

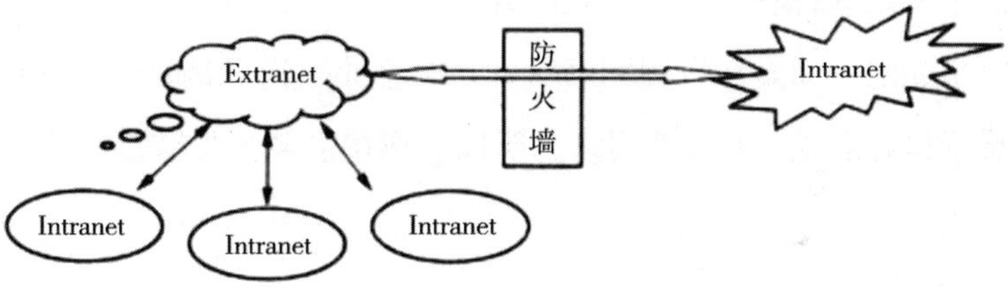

图 2–1–1　内部网和外部网示意图

外部网并不像内部网那样只为企业内部服务，也不像互联网那样完全对公众开放。它只是有选择性地对外开放，或向公众提供有选择的服务。这样既保证了内部的安全，又不影响使用者之间的业务往来。

B2B 模式的电子商务之所以发展很快，也主要是利用企业外部网使有业务往来的企业形成一个大的外部网，在外部网可以进行安全的电子商务交易，同时，企业又可以很好地进行控制。

（三）虚拟专用网络（VPN）

虚拟专用网络（Virtual Private Network，VPN）是一门网络新技术。一些企业为了安全建成了内部网和外部网，但没有建成外部网的企业之间又该怎样安全地传送信息呢？这就要用到虚拟专用网络，它为使用者提供了一种通过公用网络安全地对企业内部专用网络进行远程访问的连接方式。虚拟专用网络被定义为通过一个公用网络（通常是互联网）建立一个临时的、安全的连接系统，相当于一条穿过混乱的公用网络的安全、稳定的隧道。虚拟专用网络是对企业内部网的扩展。虚拟专用网络可以帮助远程用户、公司分支机构、商业伙伴和供应商与公司的内部网建立可信的安全连接，并保证数据的安全传输。虚拟专用网络可用于不断增长的移动用户的全球互联网接入，以实现安全连接。可用于实现企业网站之间安全通信的虚拟专用线路，能够有效地连接商业伙伴和用户。

虚拟专用网络连接使用隧道作为传输通道，这个隧道是建立在公共网络之上的。早期的虚拟专用网络的连接，如图 2–1–2 所示。各个企业利用虚拟专用网络服务器与互联网相连，当有业务往来的时候，通过虚拟专用网络服务器在互联网上开通一条隧道。其他人进不去这条隧道，这样就可以保证传送的数据的安全。当然，我们也可以选择在两家企业之间开通专线网络，但费用特别昂贵，不是一般企业可以承受的。而虚拟专用网络对于每个企业来说只是要配置一台虚拟专用网络服务器，相对来说，要经济得多，所以，现在很多企业都选择了这种方式。

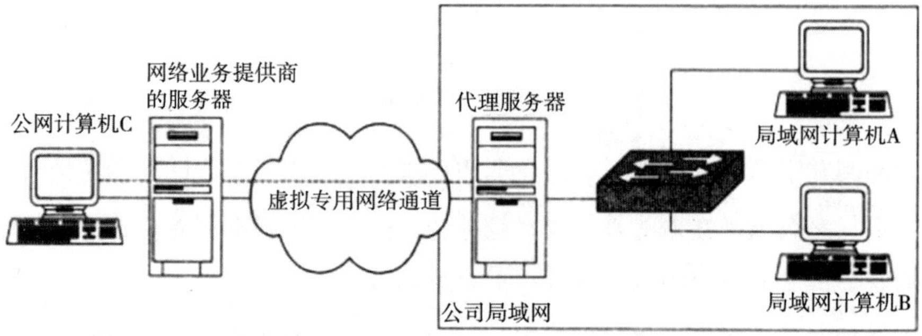

图 2–1–2　虚拟专用网络示意图

（四）B/S 与 C/S 软件系统体系结构

C/S 是 Client/Server 的缩写，称为客户 / 服务器模式，这是一种软件的结构。一般，我们使用需要安装服务器和客户端软件的软件就属于这种体系结构形式。例如，我们经常用的 QQ 聊天软件就是这种体系结构的软件，它的服务器端安装在 QQ 服务器上，如果使用者想使用 QQ 聊天软件，那么使用者就必须下载 QQ 聊天软件的客户端软件。使用者只有将这个客户端软件安装在自己的机器上，才可以使用 QQ 聊天软件的相关功能。

B/S 是 Browser/Server 的缩写，称为浏览器 / 服务器模式，是随着互联网技术的兴起，对 C/S 结构的一种变化或者改进。这种类型的结构只有一个服务器端，而使用者不需要安装任何软件，只需要有一个浏览器（Browser），就可以登录到服务器端的主页面使用相关软件的功能。使用者注册一个论坛去发言、写文章，这些都不需要使用者安装什么软件，只要登录就可以用，这都是这种类型的结构形式。

C/S 最主要的特点在于能够给服务器减轻压力，客户端安装专用的客户端软件，很多工作都在客户端完成，然后再与服务器端连接。例如，QQ 聊天软件，使用者在机器上的客户端 QQ 聊天软件上发言，其实就是将发言先发送到服务器上，服务器再将其发送给对应的使用者，这样就完成了一次发言。事实上，很多大公司的管理软件都是 C/S 结构的，各分支机构之间通过广域网进行连接。对于电子商务，C/S 类型的软件大都应用于 B2B 类型的交易，参与的企业需要安装客户端软件，然后就可以通过服务器与其他企业进行交易。这样的交易方式比较容易管理，安全性会比较高，同时，很多工作都在客户端完成，不至于出现全用服务器完成所有工作时经常出现的网络阻塞。

C/S 的缺点如下：

第一，客户端需要安装专用的客户端软件，工作量很大。如果客户端软件必须由开发人员去安装，那么，他们的工作量就可想而知了，而且一旦出现问题，他们还必须再去进行安装或维护。还有，当系统软件升级时，每一台客户机需要重新安装客户端软件，其维护和升级成本非常高。

第二，C/S 对客户端的操作系统一般也会有限制。客户端可能适应于 Windows98，但不适用于 Windows2000 或 WindowsXP，或者不适用于 Linux、Unix 或微软新的操作系统等。

B/S 最大的优点就是可以在任何地方进行操作而不用安装任何专门的软件，方便且不需要升级，而且对客户端的操作系统没有特定的要求，也就是我们常说的可以跨平台使用，可以适用于 Windows98、Windows2000，甚至 Unix 等。使用者只要有一台能上网的计算机就能使用。系统的扩展非常容易，也就是说对前端的用户数目没有限制，一般来说，只要注册通过了就可以使用了。对于 B2C 类型的电子商务，不可能要求每个人都安装专门的电子商务软件，所以，使用这种结构的软件特别多。当然，它的缺点也是明显的，这种交易方式不容易管理和控制，而所有的人都使用一个服务器的功能就容易造成网络阻塞。

三、EDI 技术

（一）EDI 技术的定义

EDI 是英文 Electronic Data Interchange 的缩写，中文可译为“电子数据互换”，而实际上，现在我们最普遍采用的是国际标准化组织（ISO）给出的定义：企业之间将商业或行政事务处理文件按照一个公认的标准，形成结构化的事务处理或报文数据格式，从计算机到计算机的电子传输方法。由于使用 EDI 可以减少甚至消除贸易过程中的纸面文件，因此，EDI 又被人们通俗地称为“无纸贸易”。它通过计算机通信网络将贸易、运输、保险、银行和海关等行业信息，用一种国际公认的标准格式，实现各有关部门或公司与企业之间的数据交换和处理，并完成以贸易为中心的全部过程。这里所说的数据或信息，是指交易双方互相传递的具备法律效力的文件资料，可以是各种商业单证，如订单、回执、发货通知、运单、装箱单、收据发票、保险单、进出口申报单、报税单、缴款单等；也可以是各种凭证，如进出口许可证、信用证、配额证、检疫证、商检证等。

相对于传统的订货和付款方式，EDI 技术大大节约了时间和费用。相对于互联网，EDI 技术较好地解决了安全保障问题。这是因为使用者均有较可靠的信用保证，并有严格的登记手续和准入制度，再加上有多级权限的安全防范措施，从而实现包括付款在内的全部交易工作计算机化、安全化。

EDI 技术影响到底有多大，我们可以了解一下，在欧洲、英国、法国、德国、意大利、丹麦、瑞典和挪威等国开展 EDI 技术业务的时间较早，可追溯到 20 世纪 60 年代末期。现在 EDI 技术在欧洲大部分国家已成为进行业务往来的最重要的途径之一。近些年的实践证明，凡是采用 EDI 技术的国家和地区，都获得了可观的经济效益和社会效益。

在我国，EDI 技术使用得还不多，原因是价格还比较高，但对于一些出口业务多的企业却大多使用了这种方式，否则我国企业与在国际上做生意时，大多会被推迟处理。此外，使用 EDI 技术必须有一个网络服务商提供这项网络服务，而在我国，能提供这种服务的网络服务商还比较少，这也是直接导致 EDI 技术使用成本过高的原因。

（二）EDI 的基本流程

目前，世界上有两大 EDI 标准，一是北美使用的标准 ANSI ASC X12，二是国际标准 EDIFACT（Electronic Data Interchange For Administration，Commerce and Transport）。ANSI ASC X12 已经于 1992 年决定在其第四版后不再继续发展新的标准，开始全力向国际标准靠近，因此，目前的 EDI 标准已逐渐统一为 EDIFACT。

使用 EDI 的企业要专门有一个 EDI 服务器安装 EDI 的系统软件，企业内部所有的 EDI 工作都通过这个系统软件来完成。而 EDI 的服务商就相当于一个电子邮件服务中心，负责把 EDI 文件发送到对方的信箱中，等待对方接收。

1. 映射（Mapping）

映射是指生成 EDI 平面文件。由于每个企业使用的文件都只是自己使用的，不是标准的，要想把相应的业务文件发送给对方企业，为了能直接被对方使用，就需要把文件进行标准化。使用 EDI 的用户通过 EDI 系统软件将企业内部使用的单证、票据或数据库中的数据，直接编辑、修改和操作形成标准化的 EDI 文件，这就是 EDI 平面文件，它可直接阅读、显示和打印输出。

2. 翻译（Translation）

翻译是指生成 EDI 标准格式文件。生成的平面文件再通过 EDI 的翻译软件（Translation Software）生成一种名为“EDI 标准格式”的文件。

EDI 标准格式文件是一种只有计算机才能阅读的 ASCII 文件。它是按照 EDI 数据交换标准（即 EDI 标准）的要求，将单证文件（平面文件）中的目录项，加上特定的分割符控制符和其他信息，生成的一种包括控制符、代码和单证信息在内的 ASCII 码文件。

3. 通信（Communication）

这一步由计算机通信软件完成。用户通过通信网络，接入 EDI 信箱系统，将 EDI 电子单证投递到对方的信箱中。

由于 EDI 服务方式不同，平面转换和 EDI 翻译可在不同位置进行。在实际操作过程中,EDI 系统为用户提供 EDI 应用软件包。用户可将这一处理看作一个“黑匣子”，完全不必关心里面具体的过程。

第二节　电子商务的安全技术与支付技术

一、电子商务的安全要素

（一）信息的保密性

信息的保密性是指商务交易信息在传输过程或存储中要保证不被他人所窃取。如果我们使用的信用卡账号、密码被人知悉，就可能被盗用；如果企业的订货和付款的信息被竞争对手获悉，就可能被抢先交易，使自己丧失商机。

（二）信息的完整性

信息的完整性是从信息传输和存储两个方面来看的。在存储时，要防止他人非法篡改和破坏网站上的信息；在传输过程中，要保证信息没有丢失，还要保证信息没有重复发送，否则都会导致贸易方发送的信息和接收的信息有差异，使双方产生不必要的损失和纠纷。例如，一份订单包含了订货内容和付款信息，如果在网站数据库里被黑客进入篡改或者在传输过程中被截获后修改，只要把送货地点和送货人修改一下，那么，在我们付款之后，货物就会自动地被送到黑客所指定的地点，而我们却无法接到货物。所以，保持贸易各方信息的完整性是电子商务应用的一个基础安全工作。

（三）信息的不可否认性

信息的不可否认性是指信息的发送方不能否认已发送的信息，接收方不能否认已收到的信息，交易达成后同样是不能否认的，否则，必然会损害一方的利益。这一条是很显然的，如果双方都可以不承认信息的存在，收货人不承认订过货，发货方不承认接到过订单和付款，交易完成之后也不进行售后服务，那么也就不可能做生意了。在传统的纸面贸易中，贸易双方通过在交易合同、贸易单据等书面文件上手写签名或盖上印章来鉴别贸易伙伴，确定合同、契约、单据的可靠性，并预防抵赖行为的发生，这也就是人们常说的“白纸黑字”。在无纸化的电子商务方式下，通过手写签名和盖印章进行贸易双方的鉴别是不可能的，所以，这也成为电子商务必须解决的问题。

（四）交易者身份的真实性

交易者身份的真实性是指交易双方确实是存在的，不是假冒的，而且交易的对方又确实是想要联系的那个贸易伙伴。由于电子商务不同于传统面对面的商业往来，是在彼此不见面的网络中进行的交易活动，商家要考虑客户是不是商业骗子，而客户也会担心网上的商店是不是真的存在，很有可能出现付完款见不到货也找不到人的情况。所以，在电子商务中，必须对对方的真实性进行确认才有可能完成交易。

二、电子商务的安全技术

（一）加密技术

加密技术是电子商务采取的主要安全技术手段。采用加密技术可以满足信息保密性的安全需求，避免敏感信息的泄露。通常信息加密的途径是通过密码技术实现的，密码技术是保护信息的保密性、完整性、可用性的有力手段，可以在一种潜在不安全的环境中保证通信和存储数据的安全，还可以有效地用于报文认证和数字签名等，以防止各种电子诈骗。可以说，加密技术是认证技术及其他许多安全技术的基础，也是信息安全的核心技术。

我们先看一个最简单的加密过程，将字母 a，b，c……w，x，y，z 的自然顺序保持不变，但使之与 D，E，F……Z，A，B，C 分别对应（即相差 3 个字符）。如果明文为 dead，则对应的密文为 GHDG，这就是一个加密，接收方接到的是 GHDG，可以按照对应的方式的逆过程解开得到 dead。如果该信息被黑客截获，那么他也不可能知道 GHDG 的真正含义，从而达到了保密的效果。当然，实际的加密要复杂得多。

加密技术就是利用技术手段把重要的数据变为乱码（加密）传送，数据到达目的地后再被用相同或不同的手段进行还原（解密）的过程。在这里，加密前的普通数据称为明文，加密后的数据称为密文，而将明文转换为密文的过程就称为加密，将密文还原为明文的过程称为解密。

加密包括两个最重要的元素：算法和密钥。加密算法是将普通的文本（或者可以理解的信息）与一串数字（密钥）结合，产生不可理解的密文的步骤，也就是上一例子中的向后移 3 个字母顺序。密钥是指在加密和解密过程中使用的参数，如刚才的 3。密钥是可以变的，密钥的长度也就是密钥的二进制位数决定了加密技术的可靠性，一个 16 位的密钥有 216 种不同的密钥，用计算机来一一测试不难，如果密钥位数达到 40 位，那么个人攻击就需要数周时间来完成，但如果密钥位数为 128 位，那么即使用最快的办法，利用所有的计算机联合工作也需要上千年的时间，所以，密钥的安全性是比较高的。

目前，加密技术分为两类，即对称加密和非对称加密。

1. 对称加密（对称密钥加密或专用密钥加密）

在对称加密方法中，文件加密和解密使用相同的密钥，即加密密钥也可以用作解密密钥。也就是说，一把锁，在锁上的时候和开锁的时候用的是同一把钥匙，或者说，当用 Winzip 压缩文件时，压缩和解压缩用的都是 Winzip。而这把钥匙只有贸易两方才拥有。这样，一方在加密文件之后，将这把钥匙发送给另一方，另一方就可以用同样的钥匙去解密了，而其他人即使看到了文件加密后的内容也不知道原来的内容是什么。所以，如果进行通信的贸易双方能够确保专用密钥未曾泄露，那么机密性和报文完整性就可以实现。当然，这就存在着在通信的贸易双方之间确保密钥安全交换的问题。如果哪一方不慎泄露了专用密钥，那就不能保证文件的机密性了。如果一个企业和很多企业都同时拥有这种加密关系，那就出现了一个问题，就是这个企业必须和每个企业分别拥有一个密钥，也就是说，这个企业有 n 个贸易伙伴，那就要有 n 个不同的密钥存在，这个企业也就要维护 n 个专用密钥。这样维护的工作量就会很大，同时，一旦文件泄密了，也没有办法追究是哪一方泄露了密钥这一责任。这种加密方法的另外一个缺点，就是对称加密方式无法鉴别贸易发起方或贸易最终方。这是因为贸易双方共享同一把专用密钥，贸易双方的任何信息都是通过这把密钥加密后传送给对方的。如果一方把文件修改了，然后也加密了，说是对方发过来的原文，那么对于这种情况是没有办法鉴别的。

2. 非对称加密（公开密钥加密）

鉴于对称加密中的问题，后来人们又开发出了非对称加密技术，又称为公开密钥加密技术。在非对称加密体系中，密钥被分解为一对密钥，其中任何一把都可以对文件进行加密，而必须用另一把才能解密。一个企业在使用非对称加密时，把其中的一个密钥保存起来，这个密钥称为私有密钥；同时，把一个密钥对外公开，所有的人和企业都可以使用这个密钥，这个密钥公开密钥。贸易方利用该方案实现机密信息交换有两个基本过程：

第一，贸易方甲生成一对密钥并将其中的一个密钥作为公开密钥向其他贸易方公开，得到该公开密钥的贸易方乙使用该密钥对机密信息进行加密后，再将信息发送给贸易方甲，贸易方甲再用自己保存的另一个专用密钥对加密后的信息进行解密。我们知道，这个私有密钥是由甲保存的，别人无法得到，所以，只有甲在解密后能看到信息的内容，保证了接收方的真实性和信息的保密性。

第二，贸易方甲利用私有密钥加密一个文件发送给贸易方乙，如果乙用甲的公开密钥解密后得到了应该得到的内容，那就可以证明这个文件确实是由甲发送过来的，这是因为甲利用私有密钥加密的文件只有用其公开密钥才能解开，这又达到了确认甲身份的目的。这是以后我们要讲的数字签名的基础。

非对称加密的优点：在多人之间进行保密信息传输所需的密钥组合数量很少；公钥和加密算法没有特殊的发布要求，可以直接在网上公开。但是，公开密钥不适合于对大文件加密，因此，公开密钥算法很多时候被应用到加密一组由其他途径产生的密钥，并通过网络进行传送，然后，接受方用私钥进行解密。

（二）信息认证技术

信息认证是信息安全性的另一个重要方面，认证的目的有两个：一个是验证信息发送者的真实性；另一个是验证信息的完整性，即验证信息在传送或存储过程中是否被篡改等。

1. 数字签名技术

“数字签名”是目前电子商务、电子政务中应用最普遍、技术最成熟、可操作性最强的一种电子签名方法。它采用了规范化的程序和科学化的方法，用于鉴定签名人的身份以及对一项电子数据内容的认可。它还能验证出文件的原文在传输过程中有无变动，确保传输电子文件的完整性、真实性和不可抵赖性。

电子签名和数字签名的内涵并不一样，数字签名是电子签名技术中的一种，不过两者的关系也很密切。目前，电子签名法中提到的签名，一般指的就是“数字签名”。

要理解什么是数字签名，需要从传统手工签名或盖印章谈起。在传统商务活动中，商业信件、文件、钱款收发、经济合同、契约等为了保证交易的安全和真实，一份书面合同或公文要由当事人或其负责人签字、盖章，以便让交易双方识别是谁签的合同，保证签字或盖章的人认可合同的内容，这样在法律上才能承认这份合同是有效的。而在电子商务的虚拟世界中，合同或文件是以电子文件的形式表现和传递的。在电子文件上，传统的手写签名和盖章是无法进行的，这就必须依靠技术手段来替代。能够在电子文件中识别双方交易人的真实身份，保证交易的安全性、真实性和不可抵赖性，起到与手写签名或者盖章同等作用的签名的电子技术手段，称为数字签名。

在电子支付系统中，数字签名代替了传统银行业务中在支票等纸面有价证券上的真实签名，是产生同真实签名有相同效果的一种协议，用来保证报文等信息的一致性。我国出台的《中华人民共和国电子签名法》，赋予了可靠的电子签名与手写签名或盖章具有同等的法律效力。

数字签名是公开密钥加密技术的另一类应用。哈希（Hash）签名是最主要的数字签名方法，如图 2–2–3 所示，左侧为签名，右侧为验证过程。即发送方将原文用哈希算法求得数字摘要，用签名私钥对数字摘要加密并形成数字签名，将原文与数字签名一起发送给接受方；接受方验证签名，即用发送方公钥解密数字签名，得出数字摘要；接受方将原文采用同样哈希算法又得到一个新的数字摘要，将两个数字摘要进行比较，如果二者匹配，就说明经数字签名的电子文件传输成功，就能确认该数字签名是发送方的，而且报文信息在传输中未被修改。

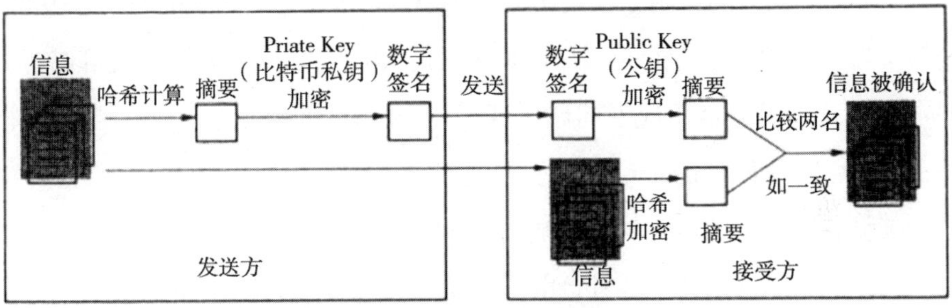

图 2–2–3　数字签名方法

2. 身份认证和数字证书

身份认证系统是指能够正确识别用户的各种方法。口令是当前最常用的身份认证方法，但是，众所周知，不少用户选择的口令水平太低，可以被有经验的黑客猜测出来。现在对于要求安全性较高的地方通常采用令牌方式。令牌是一种个人持有物，作用类似于钥匙，用于启动电子设备。

数字证书是一种正在兴起的身份认证方法，是用电子手段来证实一个用户的身份和对网络资源的访问权限。数字证书就是一个数字类型的文件，在浏览器工具菜单的内容选项里，我们可以自己查看机器的数字证书，它通常由四个部分组成：第一部分是证书持有人的姓名、地址等关键个人信息，第二部分是证书持有人的公开密钥，第三部分是证书序号、证书有效期等，第四部分是发证单位的名称和数字签名。这种证书必须向特定的授权机构——认证（Certificate Authority，CA）中心申请，具有法律效力，是电子商务交往中个人或单位身份的有效证明，类似于现实世界中的身份证、护照等。数字证书可以由计算机导出存储在各种存储设备中的私钥中，并用口令加以保护，需要的时候再导入计算机中。在网上进行电子交易时，数字凭证可用于电子邮件、电子商务、电子资金转移等各种用途。

数字证书通常分为两种类型：个人证书和企业证书。个人证书是为某一个人用户提供的证书，以帮助个人在网上进行安全的电子交易操作。个人数字证书是通过浏览器来申请获得的，认证中心对申请者的电子邮件地址、个人身份和信用卡号等进行核实后，就可以发放个人数字证书，并将数字证书安置在用户所用的浏览器或用户计算机应用的电子邮件软件中，像微软的 Outlook 邮件等都有这种功能。个人数字证书的使用方法是集成在用户的浏览器或电子邮件的相关功能中，用户其实只要在发送文件的时候作出是否同时发送数字证书的选择就可以了。企业证书，也就是服务器（或者网站）证书（Server ID），是为网上的服务器提供的一个证书，证明网站的企业身份和一些相关资质，并与这个网站的服务器进行绑定，该服务器能自动地对与客户端 Web 浏览器通信的信息进行加密，保证数据的安全性，使用户可以放心地进行电子交易。

为保证客户之间在网上传递信息的安全性、真实性、可靠性、完整性和不可抵赖性，不仅需要对客户的身份真实性进行验证，还需要有一个具有权威性、公正性、唯一性的机构，负责向电子商务的各个主体颁发并管理符合国内、国际安全电子交易协议标准的安全证书。

认证中心作为权威的、可信赖的、公正的第三方机构，专门负责电子证书的申请、签发、制作、废止、认证和管理，提供网上客户身份认证、数字签名、电子公证、安全电子邮件等服务。它作为一个权威机构，对密钥进行有效管理，颁发证书证明密钥的有效性，并将公开密钥与某一个实体（消费者、商户、银行）联系在一起。它负责产生、分配并管理所有参与网上信息交换各方所需的数字证书，是安全电子信息交换的核心。

随着认证中心的出现，开放网络的安全问题得以迎刃而解。利用数字证书、PKI、对称加密算法、数字签名、数字信封等加密技术，可以建立起安全程度极高的加解密和身份认证系统，确保电子交易有效、安全地进行，从而使信息除发送方和接收方外，不被其他方知悉（保密性）；保证信息在传输过程中不被篡改（完整性和一致性）；发送方确信接收方不是假冒的（身份的真实性和不可伪装性）；发送方不能否认自己的发送行为（不可抵赖性）。

3. 数字信封（电子信封）技术

非对称加密的加密和解密花费时间长、速度慢，并不适合于对大文件加密。另外，在一些重要的电子商务交易中，专用密钥必须经常更换，为了解决每次更换密钥的问题，结合对称加密技术和公开密钥技术的优点和缺点，后来就发明了数字信封技术。数字信封技术也是下面要讲的安全电子交易协议（Secure Electronic Transation，SET）使用的一种技术。

数字信封是公钥密码体制在实际中的一个应用，是用加密技术来保证只有规定的特定收信人才能阅读通信的内容。

在数字信封中，信息发送方采用对称密钥来加密信息内容，然后将此对称密钥用接收方的公开密钥来加密（这部分称为数字信封）之后，将它与加密后的信息一起发送给接收方。接收方先用相应的私有密钥打开数字信封，得到对称密钥，然后使用对称密钥解开加密信息。这种技术的安全性相当高。数字信封主要包括数字信封打包和数字信封拆解，数字信封打包是使用对方的公钥将加密密钥进行加密的过程，只有对方的私钥才能将加密后的数据（通信密钥）还原，数字信封拆解是使用私钥将加密过的数据解密的过程。

数字信封技术克服了对称密钥加密中密钥分发困难和非对称密钥加密中加密时间长的问题，使用两个层次的加密来获得公开密钥技术的灵活性和对称密钥技术的高效性。信息发送方使用密码对信息进行加密，从而保证只有规定的收信人才能阅读信的内容。采用数字信封技术后，即使加密文件被他人非法截获，而因截获者无法得到发送方的通信密钥，故不可能对文件进行解密。

三、电子商务支付过程

以电子钱包为例介绍电子商务支付过程。网上购物使用电子钱包，需要在电子钱包服务系统中进行。在电子商务活动中，电子钱包软件通常都是免费提供的。用户可以直接使用与自己银行账号相连接的电子商务系统服务器上的电子钱包软件，也可以通过各种保密方式利用互联网上的电子钱包软件。目前，世界上有Visa Cash 和 Mondex 两大电子钱包服务系统，其他电子钱包服务系统还有万事达卡（Dacca）的全球付（Global Cash），欧洲国际支付组织（Europay International）的 Clip 和比利时的 Proton 等。使用电子钱包的顾客通常要在有关银行开立账户，在使用电子钱包时，将电子钱包通过银行的电子钱包应用软件安装到电子商务服务器上，利用电子钱包服务系统就可以把自己的各种电子货币或电子金融卡上的数据输入进去，这样所有的注册信息都保存在电子商务服务器上，不必担心信息在自己机器上被窃取。在发生收付款时，如果顾客需要用电子信用卡付款，如用维萨（Visa）卡和电子钱包 Mondex 卡等付款时，顾客只要单击一下相应项目（或相应图标）即可完成。这种电子支付方式称为单击式或点击式支付方式。电子钱包内只能装电子货币，即装入电子现金、电子零钱、安全零钱、电子信用卡、在线货币、数字货币等。这些电子支付工具都可以支持单击式支付方式。

另一种方式是用户可以把免费提供的电子钱包软件下载后安装到计算机上。下面以中国银行的电子钱包为例，讲解电子钱包的使用过程和方法，这是基于 SET 的购物方式：

（一）申请借记卡

申请一张中国银行的长城电子借记卡，可以用来进行网上支付。

（二）获得中银电子钱包

有了长城电子借记卡之后，还必须在用户的计算机上安装“中银电子钱包”软件，用于管理卡账户、进行网上支付等。

（三）安装中银电子钱包

“中银电子钱包”软件可以免费下载安装。在安装过程中会提示用户输入用户名和密码（这里的用户名和密码是针对中银电子钱包的，不是用户付款时输入的借记卡的密码）。

（四）申请证书

访问相关的认证中心，点击“获取证书”后，电子钱包会自动打开，输入用户名和口令后，进入“电子钱包”。首先，电子钱包会提示添加各种电子货币的卡账户信息，用户可以在电子钱包中加入其所拥有的各种电子货币。然后，用户针对每张卡点击“获取证书”按钮，就可以为这张卡取得数字证书，通常每一张卡都要申请一张数字证书。

（五）订购商品

用户进入可以接受中国银行的长城电子借记卡进行安全电子交易支付的网上商家（所有接受长城电子借记卡的网上商家都列在中国银行的电子商城中），选定要购买的商品，把该商品放入购物车或购物篮，准备付款。

（六）付款

用户在点击“购买”按钮后，选择中国银行支付，输入中银电子钱包的用户名和口令进入电子钱包；选择中国银行的长城借记卡，输入借记卡密码，密码输入完成后，点击“确定”按钮，付款完成。

第三节　前沿技术在电商领域的应用

人类历史的发展进程，经历了蒸汽技术、电力技术和计算机技术三次工业革命，充分体现了科学技术对人类的贡献。随着知识经济时代的到来，科学技术的进步和新技术的迅猛发展带来了第四次工业革命。它是以人工智能、无人控制技术、虚拟现实、量子信息技术和生物技术为主的全新技术革命。

一、人工智能

（一）人工智能的概述

人工智能从诞生以来，理论和技术日益成熟，应用领域也不断扩大。可以设想，未来人工智能带来的科技产品将会是人类智慧的“容器”。

1. 人工智能概念

人工智能（Artificial Intelligence，简称 AI），是计算机学科的一个分支。人工智能是研究、开发用于模拟、延伸和扩展人的智能的理论、方法、技术和应用系统的一门新的技术科学。该领域的研究包括机器人、图像识别、语言识别、自然语言处理和专家系统等。除此之外，人工智能还涉及信息论、控制论、自动化、仿生学、生物学、心理学、数理逻辑、语言学、医学和哲学等多门学科。

综合来说，人工智能是研究人类智能活动的规律，构造具有一定智能的人工系统，研究如何让计算机去完成以往需要人的智力才能胜任的工作，也就是研究如何应用计算机的软件和硬件来模拟人类某些智能行为的基本理论、方法和技术。

2. 人工智能的发展阶段

国际上普遍认为，人工智能有弱人工智能、强人工智能和超级人工智能三种类型。弱人工智能就是利用现有的智能化技术，满足和改善社会生产力发展所需的技术和功能，如 AlphaGo（谷歌旗下团队开发的第一个击败人类职业围棋选手、第一个战胜围棋世界冠军的人工智能程序）。强人工智能非常接近于人工智能阶段，这需要脑科学的突破，国际上认为这个阶段要到 2050 年前后才能实现。超级人工智能阶段是在类脑智能和脑科学有了极大发展后，形成的一个超强的智能体系。

基于以上三种类型，人工智能的发展一般经历三个阶段，分别为计算智能、感知智能和认知智能。

第一阶段为计算智能阶段，即具有快速计算、记忆和存储的能力。1997 年，IBM 深蓝计算机战胜了国际象棋大师卡斯帕罗夫，引起了全世界的关注。象棋机器人能够战胜人类，靠的是超强的记忆能力和运算速度，通过对存储信息进行分析，能够预测到十几步以后的结果，这就是计算智能的应用和体现。

第二阶段为感知智能阶段，即拥有视觉、听觉、触觉等感知能力。人和动物通过各种智能感知能力与自然界进行交互。自动驾驶汽车是感知智能的一个典型应用，机器不需要了解各种知识，只需要利用各种传感器对周围的环境进行感知，对感知信息进行处理后就可以实现自动驾驶。

第三阶段为认知智能阶段，该阶段所需要的科学技术是目前各大科技巨头都在迫切寻求突破的技术。通俗来说，认知智能就是“能理解，会思考”。人类有语言后，才有了概念，然后才能进行推理。所以，概念、意识、观念等都是认知智能的表现。认知智能几乎涉及自然科学和社会科学的所有学科，如心理学、哲学和语言学等学科。

（二）人工智能在电商领域的应用

随着智能家电、无人驾驶、智能机器人等产品的出现和普及，人工智能技术不仅应用到企业管理、产品创新，而且渗透到人们生活的方方面面：

1. 聊天机器人在客服中的应用

2016 年，腾讯公司与微软合作，将微软开发的人工智能聊天机器人（名字为“小冰”）加入 QQ 群和微信中，用户可以与机器人即时沟通。聊天机器人支持语音和图像等多感官交流。除聊天功能外，聊天机器人还开放了天气预报、猜成语、对诗等游戏和群管理技能。

聊天机器人凭借大数据、自然语义分析、机器学习和深度神经网络等技术，将网民多年积累的、公开文献记录的文字精练成语言库。机器人在与人沟通时，通过理解对话的语境和语义，实现了超越简单人机问答的自然交互。

2. 智能输入法衍生的电子商务

搜狗输入法在 2016 年发布的“快速分享”新功能中使用了人工智能技术。该功能根据用户的聊天场景进行智能情景感知，并根据用户的需要，通过不同的方式为用户提供所需的餐厅、团购、音乐、影视等分享内容。用户无须在多个应用之间切换，大幅提升了搜索效率，实现了电子商务的业务拓展。

搜狗输入法在人工智能领域的技术创新，不但使产品应用变得更加便捷，也推动了用户规模的增长。当用户积累到一定基数时，电子商务的介入能够深入挖掘用户需求，从而提升企业获利能力。

二、大数据

（一）大数据的概述

大数据作为企业现在及将来的核心战略资产，经过采集、存储、数据自主化分析等，能够为企业的营销、决策、运营提供合适的解决方案，为企业提升商业价值，这就是企业研究大数据的意义。

1. 大数据的概念

大数据是一个比较抽象的概念，至今尚无确切、统一的定义。大数据研究机构高德纳（Gartner）公司给出了这样的定义：大数据是指无法在一定时间范围内，用常规软件工具进行捕捉、管理和处理的数据集合，需要新处理模式才能具有更强的决策力、洞察发现力和流程优化能力，是信息化的资产。

大数据技术的战略意义不在于掌握庞大的数据信息，而在于对这些含有意义的数据进行专业化处理，也就是说“读懂数据”要比“拥有数据”更有价值。如果把大数据比作一种产业，那么实现产业盈利的关键是提高对数据的加工处理能力，通过整理分析、挖掘处理来实现数据的增值。

2. 大数据的特征

在业界，有人用4V来概括大数据的基本特征：规模性（Volume）、多样性（Variety）、高速性（Velocity）和价值性（Value）。也有人将其扩展到11V，还有可视化（Visualization）、有效性（Validity）等。这里将大数据的基本特征概括为以下几个方面：

（1）数量大

互联网的广泛应用使得用户获取、分享、传递信息变得更加容易。用户的大多数行为都会产生大量数据信息并以数据的形式记录下来。随着高新技术的应用，人类获取数据能力增强，保存海量数据的技术也随之增强。

（2）维度广

大数据不仅包括传统的关系型数据，还包括来自网页、互联网日志文件（包括点击流数据）、搜索索引、社交媒体论坛、电子邮件、文档、主动和被动系统的传感器数据等。这些数据可以是原始、半结构化或非结构化的数据类型。同时，数据格式变得越来越多样化，涵盖了文本、音频、图片、视频、模拟信号等多种类型。

（3）速度快

速度快是大数据处理技术与传统数据统计技术最大的区别。大数据以处理实时数据结果为导向。传统购物模式是分析客户在结束购买后产生的数据，而网购客户随时产生的数据信息均可以被实时记录下来，形成即产生即分析的数据分析模式。

数据具有速度快的特征，包含两个方面的含义：一是数据产生得快。例如，网页点击、网络日志、浏览次数、GPS（全球定位系统）定位等信息，用户每完成一步操作，数据同时产生。二是数据处理得快。大数据的价值会随着时间的推移快速衰减，需要缩短数据从开始搜集到分析处理完成的时间间隔，使其成为真正的即时大数据，提供更有价值的信息。

（4）有效性

有效的数据才能得出有效的结果。有效的数据结果不仅能给企业提供有价值的信息，还能够通过大数据分析来说明存在的问题。在大数据产生的过程中，难免会出现一些无效的垃圾数据，这时可以通过算法快速地对大数据进行“提纯”。对于一些不能量化的数据，最好用各种指标来体现数据的精准度，同时还要考虑数据的来源和局限性。只有排除了这些因素，才能确保数据的有效性。

（5）关联性

关联性是隐藏在大数据背后的数据项之间的相互关系。例如，某银行掌握用户 A 在网上的消费记录，百度地图掌握用户 A 随时间变化的位置信息，通过银行和百度地图的数据关联分析，可以得出用户的消费偏好。由于大数据具有关联性，在保证数据安全的前提下，大数据的流通和交易成为可能。

（二）大数据在电商领域的应用

电子商务企业对大数据的处理和应用越来越广泛，在购物行为和销量预测分析以及商品关联分析方面，已经取得了可观的成绩。电商企业能够从大量基础数据中挖掘到有价值的信息，能够站在客户的角度考虑问题，实现精准营销、主动服务的目标。

1. 电子商务大数据的营销应用

大数据最大的价值不是事后分析，而是预测和推荐。对于电商企业而言，通过大数据分析，可以了解客户消费喜好和趋势，进行商品的精准营销，降低营销成本。

一般来说，企业依靠大数据进行精准营销，最重要的是用户建模，即用户画像（针对每一类数据实体，进一步分解可落地的数据维度）。例如，企业收集在首次浏览的商品和最终购买的商品之间，用户浏览同类型商品的数量、时间间隔等信息。根据这些特征，企业可以分析用户的购物心理，进一步得出某个品类商品的购物轨迹，从而推荐给消费者更符合真实需求的商品。又如，用户在购买某些商品时较少比较，但是，某些商品则要货比三家，企业可根据大数据的分析统计结果，采用有针对性的营销方式。

2. 仓储大数据的实践应用

大数据技术在电商仓储中的应用，可以提高商品的流通速度，减少多次装卸搬运产生的货品破损，进而有效地降低仓储成本，也可以促进仓库存储的专业化。解决拣货路径优化和商品合理存储问题，属于大数据技术在电商仓储中的典型案例。

快递企业百世汇通为天猫超市定制的云仓，每天都有超过 20 万件商品到货。百世在建设云仓初期，就对上百万件商品的物流数据进行了分析，根据商品的热销度，把一些热销的品类集中存放。当用户下单后，系统会把这一区域的订单筛选出来，这样既优化了拣货路径，也从源头上节省了时间。

三、虚拟现实

（一）虚拟现实概述

虚拟现实通过可视化技术生成三维逼真的虚拟场景，能够提供比现有电子商务平台更佳的产品展示效果。用户通过虚拟现实场景交互地进行商品交易，从而会产生身临其境的感觉。

1. 虚拟现实的概念

虚拟现实（Virtual Reality，VR）是仿真技术的一个重要方向。利用计算机模拟产生一个三维空间的虚拟世界，综合视觉、听觉、触觉等感官的模拟，让使用者身临其境，可随时随地观察三维空间内的事物。当使用者移动位置时，计算机可以立即进行运算，将精确的 3D 影像传回，产生临场感。

2. 虚拟现实的特征

虚拟现实集成了计算机图形技术、计算机仿真技术、人工智能、传感技术、显示技术、网络并行处理技术等的最新发展成果，是一种由计算机技术辅助生成的高技术模拟系统。虚拟现实具有以下特征：

（1）感知性

虚拟现实除了一般计算机所具有的视觉和听觉感知外，还有力觉感知、触觉感知、运动感知，甚至包括味觉感知、嗅觉感知等。理想的虚拟现实应该具备人的所有感知功能。例如，用户可以用手去直接抓取虚拟现实中的物体，手有触摸感，并可以感觉物体的重量，物体随着手的移动而移动。

（2）临场性

临场性是指用户在虚拟现实中场景的真实程度，理想的虚拟现实环境应该如同身临其境，达到用户难以分辨真假环境的程度。

（3）交互性

交互性是指虚拟现实能够响应人的自然行为，能够与人互动。用户在虚拟现实中可即时交互，产生与现实中一样的感觉。用户只要使用日常生活中的互动方式，就可以与虚拟场景中的人或物进行各种交流，产生真实的互动体验。

（二）虚拟现实在电商领域的应用

虚拟现实技术能够再现真实的环境，可以将人们置于虚拟现实环境中参与交互，所以，在电商的许多方面得到广泛应用。下面简要介绍虚拟现实技术在 VR 购物、VR 直播的应用：

1.VR 购物

VR 购物是指用户在虚拟购物商城中购买商品。购物商城采用虚拟现实技术生成可交互的三维购物环境。用户只要戴上一副连接传感系统的眼镜，就能看到 3D 真实场景中的商铺和商品，实现在各地商场随便逛，对于各类商品随便试的真实购物体验。

当消费者通过 VR 头盔下单时，消费者只需要面对收银台，根据所佩戴的 VR 硬件设备的操作特点，通过凝视、点头、手势等控制方法即可完成交易，实现 VR 购物的真正闭环。

2.VR 直播

VR 直播是指将虚拟现实与直播结合，对设备要求较高。VR 直播一般采用 360 度全景拍摄，使直播效果更清晰、更准确，需要专业的 VR 设备支持。

经历了前几年的网络直播热潮后，电商直播的流量红利期已过，解决用户留存和用户沉淀是网络直播未来需要重点突破的难点。在内容上，创新加技术上革新的 VR 直播，将“沉浸式”消费体验渗入电商和品牌营销中，也将成为未来一段时间内电子商务直播营销的主流形式。

第三章　电子商务对社会经济的影响

电子商务对社会经济的各个方面都有着一定的影响，本章从电子商务的经济理论基础、电子商务的运作机理和电子商务对各个行业产生的影响三个方面进行简要分析。

第一节　电子商务的经济理论基础

电子商务经济学是一门新兴经济学科，也是网络经济学，或者更确切地说是信息经济学发展到一定阶段的产物。目前，无论是国外电子商务经济学研究，还是国内电子商务经济学研究，都还没有形成较为成熟、一致的经济学理论分析框架和透视角度，这主要是因为电子商务尚处在发展的阶段，有许多经济规律尚未被人们发掘出来。随着电子商务的发展，人们对电子商务经济学的探讨必将逐步深入。

一、长尾理论

长尾理论是在网络时代兴起的一种新理论，由美国《连线》杂志主编克里斯·安德森（Chris Andersen）发现：受成本和效率的限制，当商品的存储、流通空间足够大时，商品的生产和销售成本会大幅降低。在这种情况下，几乎所有之前被视为需求极低的商品都会受到消费者的青睐。这就是人们通常所说的“长尾”现象。

长尾市场也被称为“利基市场”。“利基”一词是英文“Niche”的音译，意译为“壁龛”，有拾遗补阙或见缝插针的意思。菲利普·科特勒（Philip Kotler）在《营销管理》一书中给“利基”下的定义为：利基是更窄地确定某些群体，这是一个小市场，并且它的需要没有被服务好，或者说“有获取利益的基础”。

通过对市场的细分，企业应集中力量于某个特定的目标市场，或严格针对一个细分市场，或重点经营一个产品和服务，创造出产品和服务优势。

长尾理论意味着只要产品的存储和流通渠道足够广泛，那些需求不旺盛或销售不佳的产品所占的小市场就可以汇聚出可以与主流市场相匹敌的市场能量。也就是说，小市场即使在需求极微的情况下也能形成巨大的市场需求，从而推动经济增长。一个企业的销售额是基于那条经常被人们忽视的、代表“冷门商品”的长尾。

在互联网时代下，人们可以从网上直接购买自己喜爱的商品或服务。这表明当消费者面临众多的选择时，他们真正渴望的物品和获取的途径都经历了显著的转变，从而催生了一种全新的商业策略。长尾理论认为，长尾是一个概念，而非产品或服务，长尾涉及的冷门产品满足了更多人的需求，从而使冷门产品不再冷门。“长尾理论”是一个全新的概念，将改变人们对于市场上大量存在着的新事物的看法，同时也将带来一场巨大的革命。

二、注意力经济

赫伯特·亚历山大·西蒙（Herbert Alexander Simon）在预测当前的经济趋势时明确表示：“随着信息的发展，有价值的不是信息，而是注意力。”[①] 在今天这样一个以网络、手机、电视等新媒体为代表的时代，“注意力经济”正悄然来临。所谓“注意力经济”，就是以消费者注意力作为企业营销活动重要手段的一种新经济形式。

美国的迈克尔·戈德海伯（Michael H.Goldhaber）是首位正式提出“注意力经济”这一概念的学者，他于1997年在《注意力购买者》中阐述了“注意力经济”产生的背景及其理论基础。他强调了互联网的兴起使得信息过剩，信息过剩就成为信息经济学研究的主要问题之一。信息虽然是过剩的，但是，人们的注意力资源是稀缺的。

从心理学的角度来看，注意力可以理解为人们对某一事物或过程所具有的优

① 王力哲．经济学思维课．北京：中国友谊出版公司，2020：110.

先性。它具备以下几个显著特性：无法被共享和复制；具有局限性和稀缺性，会随时间流逝而逐渐消失；具有易于从众的性质，影响人们之间的沟通；具有可传递性，如观众的焦点可以从名人转移到名人的广告产品上，受众对媒体和广告的依赖性也决定了受众对传媒具有强烈的需求感；注意力所带来的经济价值是间接的。在将注意力转换为经济价值的过程中，媒体不仅是注意力的主要持有者，也是注意力价值的交换者，传媒经济就是以注意力为基础的经济。在这个信息泛滥的现代社会中，人们的关注常常被转化为商业价值和经济收益。因此，在经济领域，人们的注意力经常被视为一种宝贵的经济资源，而这种注意力转化出的经济模式被称为注意力经济。总之，注意力经济是一种全新的经济形态。更具体地说，注意力经济是一种经济模式，其目的是尽可能地吸引用户或消费者的关注，并通过培育潜在的消费者群体来实现最大的未来商业收益。在当前的经济状况下，最关键的资源不是传统意义上的货币资本，也不是信息本身，而是大众的关注。大众注意力是指人们对某些事物所表现出来的一种特殊兴趣、爱好和情绪。当大众开始关注某一产品时，他们才有机会转变为消费者并购买该产品。注意力经济的本质是“眼球经济”，要求企业通过不断地生产出高质量的产品来满足大众的需要。而为了吸引公众的目光，视觉上的竞争是关键的策略之一。

注意力经济认为，经济的自然规律在网络时代会产生变异，传统经济的稀缺资源，从土地、矿产等物质因素转变为“注意力”。这表明人类社会正在进入一个以智力资本为主的信息时代，并将继续推动社会生产力向前迈进。

三、电子商务市场三大定律

随着社会的不断进步和发展，人们发现了包含自然规律和社会发展规律的新规律。这些定律都是基于人类认识能力的不断提高而得出的科学结论。

（一）摩尔定律

摩尔定律——信息科学发展规律。随着电路尺寸越来越小，晶体管数目越来越多，芯片之间的互连线和导线也就越多，从而使信息传播速度加快。1965 年，英特尔公司的创始人戈登·摩尔（Gordon Moore）首次提出了摩尔定律。后来，摩尔定律得到了广泛认同。现在，摩尔定律已经成为世界上最流行的一种预测技术，对未来信息技术产业产生着巨大的影响。

从计算机诞生到现在，摩尔定律一直是业界的风向标，几乎每一次产业革命都伴随着摩尔定律的改变和创新。摩尔定律推崇“速度更快、体积更小、成本更低”的思想，随着摩尔定律的发展，计算机芯片技术取得了显著的进步。对于企业来说，随着生产量的逐渐增长，制造商会持续优化其生产流程，从而使得单一产品的生产成本逐渐降低。

摩尔定律进一步阐明为了应对新的经济挑战，企业需要建立一个定期出击的策略。企业必须在不断变化的环境中保持持续竞争优势，而持续竞争优势的来源在于不断创新。企业除了将创新视为企业管理的主要因素外，更为关键的是要强化对创新的时效性管理。企业的战略选择决定了一个国家和民族在未来世界中的地位，而技术创新则是实现这个目标的核心力量。

（二）梅特卡夫定律

梅特卡夫定律——网络技术发展规律。在当今时代，网络已经成为人们获取信息和知识的主要渠道之一。罗伯特·梅特卡夫（Robert Metcalfe）是梅特卡夫定律的提出者。他指出，互联网上用户越多，互联网所产生的商业价值就越大，商业价值的增长也越来越快。

在互联网时代，每一个人都能通过互联网获取信息。互联网是一种虚拟的信息载体。这条定律涉及网络资源的管理。互联网是由成千上万台计算机组成的庞大网络系统，每一台计算机都具有独立的知识产权和使用权。在任何一种新技术出现之前，人们总是希望能够获得大量的信息来决定是否继续使用它或者选择放弃它。只有当人们开始大量地采用新技术时，这一技术才真正具有价值。网络的价值是通过对用户需求和市场机会进行分析来确定的。当达到所需的用户规模后，新技术的实际应用价值已经超过了之前的水平，新技术的开发者在理论上可以提高用户的购买价格。在这个规律的基础上，信息资源将成为企业竞争优势来源之一，并能够使企业获得利润最大化的机会。

信息资源的独特之处不仅体现在它能够被无损耗地使用。更重要的是，信息的使用过程可能与信息的生成过程同时进行，其中所蕴含的知识或情感会在消费者的传播过程中孕育出更丰富的知识和情感。人们通过网络可以随时获取各种信息并加工利用，从而实现自己对世界的认识或控制。因此，梅特卡夫认为，随着互联网用户数量的逐渐增加，网络资源的增长将按照几何级数进行。

梅特卡夫定律强调了网络的外部性和正反馈特性：联网的用户数量越多，网络所带来的价值也就越大，因此，用户对联网的需求也随之增加。也就是说，在相同的条件下，用户联网的数量越多，该用户所拥有的信息也就越丰富，从而导致整个社会对网络的依赖程度越来越高。因此，梅特卡夫定律明确表示，从宏观角度看，消费的效用是逐渐增加的，这意味着需求会催生出新的需求。

（三）科斯定律

科斯定律——交易费用对企业产生的影响。在经济学中，这一定律被用来分析产业的发展与经济效率之间的关系。罗纳德·哈里·科斯（Ronald H.Coase）对产业的纵向和横向整合进行了深入研究。他认为，企业的性质与市场结构有着密切的联系，而交易费用在经济学中占有重要地位。

科斯持有的观点是交易费用可以被视为企业成立的核心驱动因素。企业经营活动所涉及的所有经济事项都要进行决策，而决策又离不开交易费用。当企业决定其商业活动的模式和生产内容时，交易费用的计算是不可或缺的。企业内部的交易费用取决于交易双方所拥有资源的数量以及交易双方之间的信息不对称程度。决定企业是否盈利的关键在于交易费用与企业运营所带来的费用之间的比较。如果要对企业进行评估，就需要知道什么是企业，以及企业在整个国民经济中的地位。在决定一个企业的规模时，需要考虑市场的成本和各个企业的组织成本，这样才能准确判断每个企业生产的产品种类和数量，即企业的实际规模。如果企业规模不适当的话，就会导致交易费用过高。

随着信息技术的发展，公司内部和外部的信息交换越来越频繁，交易费用越来越低，数字技术对企业发展具有巨大的推动作用。在传统技术时代，科技在提高生产率方面发挥着重要作用，而在数字化时代，数字技术则成为一种新的交易费用来源。然而，数字科技不仅大幅度地减少了企业的运营成本，也显著地降低了市场的开销，这就是人们所说的新经济。

交易费用下降意味着企业的效率提高了通过减少交易费用，市场将变得更为高效。这就是为什么企业在扩大自己的生产或销售时，都要进行大规模扩张的原因所在。如果公司决定将下一笔交易的成本与在外完成的成本持平，那么企业的整体规模将会受到压缩。

尽管这种情况可能不会出现，但在大多数复杂的交易中，仍然需要支付大量的交易费用，这无疑会改变公司的性质。当企业扩大规模时，企业中的所有成员都将参与其中，这就产生了虚拟型组织。企业的定义已从一个主要由员工和固定资产构成的实体，逐步让步给虚拟组织。企业内所有员工都以合同关系为基础进行合作，并且，每个人的身份都是独立的。在这样的组织结构中，员工可能是部分时间的工作人员或者是合同工，资产可能会被多个组织共同拥有，这使得企业内部和外部的界限变得越来越模糊。企业将变得更像一个社会系统，即企业的运作方式也要随之变化。企业的构成将更多地聚焦于与交易紧密相连的事件，而不是其他方面。

四、双螺旋理论

技术创新是由技术进步和应用创新形成的“双螺旋结构”共同推动的结果。其中，应用创新是核心力量，技术进步则起到支撑作用。在涉及多个主体和多个要素的互动中，技术进步作为驱动力与应用创新作为拉动力之间的相互作用，都为科技创新提供了推动力。这种双向互动关系决定了技术进步与应用创新能力都具有明显的非线性特征。技术的进步与应用的创新可以被视为一对既独立又统一、共同发展的“创新双螺旋结构”。换句话说，技术的进步为应用创新带来了新的技术手段，而应用创新往往能迅速触及技术的界限，从而推动技术的持续进步。从这个意义上来说，科技创新的实质就是技术进步对应用创新产生作用的一种动态演化过程。当技术与应用之间的剧烈冲突达到某种程度的整合时，才可能孕育出引人入胜的模式创新和行业发展的新焦点。技术创新是由技术进步和应用创新这一“创新双螺旋结构”共同发展而来的结果。正是这种创新双螺旋的相互补充和互动，促进了创新的多主体和多要素的交互作用，从而形成了一个有利于创新涌现的创新生态环境。从这个角度来讲，企业的发展和成长就是在不断地进行着两种不同性质的技术创新活动，即新产品开发与市场开拓之间相互渗透、相互影响的过程。

五、锁定效应

在产业集群理论和创新网络理论看来，“锁定效应”正是由于企业之间的知识共享、相互模仿或借鉴等原因形成的一种竞争优势。所谓的“锁定效应”在本质上是指产业集群在其生命周期中出现的一种“路径依赖”的现象。它是指产业集群内的企业通过模仿、创新等方式形成自身特有的竞争优势，并使自己获得持续竞争力的动态演化过程。阿瑟（Arthur）是首位进行关于技术发展中路径依赖性的创新性研究的学者。他持有这样的观点：新技术的引入通常会带来收益的增长，那些率先发展的技术往往能够利用其固有的优势，形成一个持续自我提升的正向循环，从而在激烈的市场竞争中超越竞争对手。这种技术上的先进性，使得企业的技术创新总是能够领先于竞争对手，并使企业保持长久的竞争力。相对而言，一项相对于其他技术更有优势的技术可能会因为没有得到足够的支持而陷入困境。在电子商务活动中，这种现象表现得尤为明显。

学者诺斯（North）认为：“在制度变迁中，同样存在着收益递增和自我强化的机制。这种机制使制度变迁一旦走上某一条路径，它的既定方向会在以后的发展中得到自我强化。”[①]

第二节　电子商务的运作机理

电子商务作为 20 世纪 90 年代出现的新事物、新业态，其发展、运作是由一定新技术、新理论支持的，这就构成了电子商务持续发展的基础。而电子商务的运作机理离不开电子商务结构、系统以及系统的应用层次，而且，商业模式随着技术的发展和应用的发展还在不断创新中。

---

① 杨震宁，李东红，马振中 . 关系资本锁定效应与中国制造业企业创新 [J] 科研管理，2013，34（11）：42-52.

一、电子商务结构

勾勒出电子商务的基本结构有助于人们从整体上全面、系统地理解和把握电子商务的机理，从不同的视角考察电子商务描绘出的不同框架结构。以下将从概念模型角度考察电子商务的总框架，再从管理运作视角考察电子商务的应用框架：

（一）电子商务的总框架

电子商务的交易一般都离不开“四流”，即信息流、资金流、物流和商流。信息流主要由商品交换关系所构成，包含了各种商业信用活动以及各种经济行为，如商品交易双方之间的资信调查、合同签订和履行等。信息流不仅涵盖了商品或服务信息的提供、推广和营销、技术支持信息和售后服务等方面，还包括了转账通知单等商业贸易相关文件。资金流是指商品流转中所涉及的货币运动形式。所谓的资金流，是指资金流转的全过程，涵盖了付款、转账和兑换等多个环节。物流则是指货物从生产企业到消费用户之间的流动过程，具体包括仓库管理、搬运包装、流通加工等一系列活动。商流描述的是商品在交易过程中与商品所有权相关的转移情况。从广义上讲，物流更多地与信息流密切相关。对于某些产品和服务，物流可以选择网络传输方式，如有价信息服务、在线娱乐服务等。

在技术上，电子商务的信息流主要通过建立电子商务网站实现，资金流主要通过网上支付实现，物流通过配送体系实现。为了保证这“四流”的顺畅运转，还需要宏观政策法规、安全与传输等技术支持以及标准化建设的支撑。

（二）电子商务的应用框架

许多人认为，电子商务就是建立 Web 站点或者企业门户网站，但实际上，电子商务远不局限于此。电子商务的应用丰富多样，为了实现这些应用必须有合适的信息、基础设施和支持系统，以及适合电子商务各类应用的环境。瑞维·卡拉科塔和安德鲁·B. 温斯顿两位学者提出了电子商务的应用框架。该框架从宏观的角度指出了电子商务体系的各应用层和众多支持条件，可以帮助人们更好地理解电子商务。

电子商务的各类应用建立在四个基础设施和两大支柱之上。

电子商务的基础设施是指在电子商务发展过程中所需要的一切资源和设备，其中，最重要的是互联网基础设施和信息技术基础，决定了电子商务能否健康地发展。电子商务所需的基础设施有以下几种：

第一，网络基础设施。这是电子商务最基础的部分，主要聚焦于电子商务所需的硬件基础设备，同时也是实现电子商务目标的最基础设施。网络基础设施主要是指信息传输系统，为电子商务提供了传输信息的通道。

第二，信息发布基础设施。网络基础设施的日益完善，使得通过网络传递信息成为可能，目前最流行的是以网站、微信、微博等方式将信息发布在网络上。

第三，报文和信息传播基础设施。所谓的报文和信息传播设施，就是利用各种媒介来传送和接收信息的设备或装置。这一层级主要负责提供信息传播的各种工具和手段，是电子商务信息交流的核心工具，为用户提供了两种不同的沟通手段：格式化或非格式化的信息交流。

第四，商业服务基础设施。这一层的核心目标是提供标准化的在线商务活动服务，以促进在线交易的便捷性。这一层的服务是所有企业和个人在进行贸易活动时都会采用的。

电子商务的应用支柱包括：

第一，政策法律支柱。政策法律是电子商务应用框架的社会人文基础，涵盖了与电子商务相关的各种政策和法律，也决定着电子商务应用框架能否顺利实施。

第二，技术标准支柱。技术标准是实现电子商务交易活动中各种技术条件要求的规范依据，是解决电子商务交易过程中各种技术性障碍的有效手段，也是衡量一个国家信息化水平高低的重要标志之一。技术标准在一定程度上决定着电子商务系统的技术架构和应用模式。考虑到整体的网络环境，确保技术标准的兼容性和通用性显得尤为关键。因此，在建立电子商务系统时，应遵循标准化原则来选择适合系统特点的技术规范。

二、电子商务系统

完整的电子商务系统至少涵盖以下几种网络平台和电子商务网站：

（一）网络平台

网络平台是电子商务系统能够正常运作的技术支撑，电子商务活动必须在特定的网络环境中进行。在互联网的电子商务系统里，网络平台的各种功能通常是由互联网服务提供商（ISP）来执行的。企业内部网则主要负责与用户之间进行数据交互。随着电子商务领域的不断壮大，出现了一批专门为电子商务提供网络平台服务的服务提供商，这些服务提供商提供的服务涵盖了多个层次的电商平台服务。

一个完整的电子商务网络平台应当满足以下几个关键特性：第一点是网络的连通性，涵盖了企业内部和企业外部的互联功能；第二点是协同性，不仅仅是物理上的“连接”，更关键的是电子商务系统中的各个参与者之间的合作，达到真正的“连接”；第三点是安全性和可靠性，鉴于电子商务系统的网络通常相当复杂，因此要求易于管理，安全可靠；第四点是多选择性，这涉及电子商务系统中的网络技术平台以及网络产品的各种选择，即不同厂商开发的各种网络应用都能方便地接入互联网运行；第五点是适应性，随着电子商务系统对网络的需求持续变化和信息技术产品的进步与更新，需要为电子商务系统制订适当的网络过渡策略，并为此提供必要的技术支持。①

（二）电子商务网站

电子商务网站是一个具有交互特征的应用系统，由用户界面、网络连接和数据库组成。当顾客浏览电子商务系统的官方网站时，他们首先看到的是网站、网上商店或者商品目录。网上商店里展示的各种商品和目录，为顾客提供了关于产品和服务的详细信息。顾客把商品置入虚拟购物车，并据此生成了订单。网站上的商品详情能够根据顾客的具体需求，通过互动的形式准确地传递给他们。顾客根据自己对商品或服务的喜好程度选择不同的购物途径和时间来完成购买行为。这种基于个体差异的定向广告和独特的销售策略，代表了一种全新且针对性强的个性化营销策略，这对于推广产品和服务是非常有益的。目前，在国内，已经有一些电子商务网站开始采用了这种模式。

① 李磊．大数据技术在电子商务系统中的应用研究 [J]．山东工业技术，2017（18）：156，153.

（三）客户服务中心

在电子商务发展的今天，客户服务中心已经成为电子商务不可缺少的一部分。客户服务中心可以根据客户需要对客户信息、订单进行分析，然后为客户选择合适的商家。确定支付渠道后，后台系统会将从网站收到的订单转移到企业的订单录入和处理系统中，并据此计算相关的费用，还包括对订单信息的分析、整理和反馈等工作。后端系统应当与现有的企业管理信息系统建立连接，同时要建立相应的数据库，实现与其他商业伙伴的数据共享。

（四）支付中心

支付中心是电子商务的一个重要组成部分，与其他电子商业环境一样具有开放性。支付中心的主要职责是为电子商务系统中的买家和供应商提供资金支付等相关服务。它也可以作为电子支付的一个子系统，支持第三方支付方式。支付中心要求做到全天候 24 小时服务，提供网上支付服务、自行查询和管理账户，以保证支付安全。

（五）认证中心

认证中心提供交易双方的信用保障，是被法律承认的权威机构，负责发放和管理电子证书，使网上交易的各方面能够相互确认身份。它不是直接从电子商务交易中获得利益的。

（六）物流配送中心

物流配送中心提供物流平台，主要接受供应者的送货请求。组织将无法从网上直接得到的有形商品送达采购者，并跟踪商品流向动态。

三、电子商务系统的应用层次

电子商务系统的应用层次可以从电子商务系统的内容或其网上解决方案的复杂性来考虑。电子商务系统的应用层次可以分为从初级到高级的三个不同层次：

（一）初级电子商务系统

即通过网络技术，把电子商务活动集中起来，从而完成整个交易过程的电子商务模式。在这个层面上，公司开始把传统商业活动的一部分融入计算机网络的信息处理和交换中。为了实现信息的处理、储存和共享，企业建立了自己的内部网络，并创建了专门的网站来推广其产品，从而塑造了企业的公众形象，这个方法是基于企业将网络视为一种新的信息传播手段的理解而进行的。目前，世界上已有很多企业成功地应用了这一模式。初级电子商务系统的投资成本相对较低，操作简单，不涉及复杂问题，因此实施起来相对容易。

（二）中级电子商务系统

中级电子商务系统是一个相对于初级电子商务系统而言更高级的电子商务应用模式，是企业在电子商务环境中运用先进的信息技术建立起来的电子信息系统。该平台为在线交易提供了核心功能，不仅确保了信息流和物流的流畅运行，还为用户提供了通过网站进行间接支付的简便方式。在这个层面上，企业有可能通过网络信息传输部分来替代某些合同的有效成立条件，或者将网络信息传输部分作为履行商务合同义务的一部分。在电子商务的中级层面，信息传递的复杂性相对较低，操作流程也相对简单，但面临一系列复杂的技术问题和安全挑战。

（三）高级电子商务系统

这个层面提供了完备的在线交易工具，包含了上述系统无法提供的各种安全支付方式。这使得企业能够用计算机网络来处理和传输所有的商务活动程序，减少人为干预。电子商务的发展离不开物流，而物流在很大程度上依赖于信息流。因此，电子商务与物流之间存在着密切的联系，并相互影响、相互促进。

高级电子商务系统阶段是电子商务发展的理想阶段，其实现将是一个漫长的过程。它不仅依赖于全社会对电子商务的认同和对电子商务运作环境的改善，还依赖于各种相关技术的发展，以消除妨碍电子商务应用的不利因素。

第三节　电子商务对各个行业产生的影响

一、电子商务给传统制造业带来的变革

（一）传统制造业“产供销一体化”转型

在电子商务普及化之前，生产型企业也顺应互联网的发展进行着“产供销一体化”的转型。“产供销一体化”就是将生产、供给和销售三个方面进行整合，提供最优质的一条龙服务，提高产品的价值，保障企业与消费者的利益。这三个环节包括制造产品前准备原材料、生产过程中存在的技术问题、制成品的运送、产品的销售和售后服务等。各个环节都需要完善的保障体系，既要保证企业获得利润，又要保障消费者能购买到自己需要且满意的产品。

我国的传统制造业流通方式主要集中在中间环节，随后与生产、供应和销售环节进行整合，主要包括以下几种模式：

“一站式”模式意味着生产者可以直接与消费者建立联系，无须其他人员介入。制造商的产品可以由消费者自主选择，而消费者也可以根据制造商的实际需求，直接将产品送到家门口。

“二站式”是与“一站式”相对应的概念。制造企业并不是直接将其产品销售给消费者，而是通过引入某些中间环节，将产品转售给这些中间环节，然后再由这些中间环节直接销售或者是通过加工增加产品的附加价值再进行销售。

“多站式”就是将多个不同性质的批发机构集中起来，组成一个“批发网络”，完成整个供应链的管理。与“二站式”模式相比，“多站式”产销模式是一种在建筑设施方面增加了产品原料生产场地的批发市场，以及中间经销区批发市场和终端零售市场等多个环节。这样就使企业从原来的一个单一销售渠道变成两个或三个甚至更多的渠道来进行营销活动，从而获得更大利润空间。依此逻辑，可以构建出“三站式”“四站式”“五站式”的服务模式。

从生产到流通再到最后的销售，每增加“一站”，都增加了信息处理和商品流通的成本，也就导致企业利润越来越低。由此可见，我国传统制造企业向产供

销一体化的转型势在必行。

目前，我国传统制造业面临的主要问题是小型企业与大型市场之间的供应和需求不平衡。随着市场的持续演变，对传统制造行业的产品质量和标准的期望也日益提高，这使得小型企业难以满足大型市场的需求，从而导致部分小企业生产的商品价格偏低，有时甚至难以销售。随着供需之间的矛盾日益加剧，我们需要确保传统制造业的流通更为合理，确保产品供应链的流畅，从而让产品能以更低的成本销售给最终的消费者，其中不仅包括生产者和消费者，还涉及关键的中间经销商。中间商是连接制造商与消费者的桥梁，是整个供应链中较为关键的环节之一。在经济高速增长的背景下，产品的生产和供应信息变得越来越透明，这两方面都可以通过现代信息工具来构建一个更高质量的流通系统。在我国现阶段的情况下，制造业产品的流通方式已经从单一渠道转变为多种渠道并存，并且，随着互联网技术的飞速发展，这种模式也会更加完善。现代的流通系统主要依赖于先进的技术和高科技企业，通过电子商务和互联网平台等手段，实现制造业产品的生产、供应和销售的更广泛、更大规模和更优质的服务，也就是向产供销一体化的转变。这种转型要求从制造型企业向服务型企业转变，从生产型企业向营销型企业转变，最终将成为一种全新的商业模式——产供销一体。[①]

生产企业产供销一体化的转型，更多的是在信息化浪潮下进行的自我转型和提升，但距离互联网“用户思维”还是有一定的距离，生产企业产供销一体化还是从生产企业角度出发去考虑生产、销售等方面的问题，而不是从用户需求出发去考虑问题。

（二）电子商务给传统制造业带来的变化

2019 年 1 月 1 日，我国电商领域首部综合性法律《中华人民共和国电子商务法》（以下简称《电商法》）正式实施。在企业进行电子商务活动时，无论是企业内部的信息共享、企业间的商业数据交换，还是网络营销等各个环节，都是通过计算机网络来实现信息化和网络化的。电子商务的兴起，为企业提供了更大的商

① 贺正楚，黄颖琪，吴艳．制造业电子商务发展面临的问题及其对策 [J]. 地方财政研究，2016（6）：9-18.

业机会和竞争空间。当前，我国的传统制造业正在遭遇市场需求迅速变化等一系列挑战，需要积极推动制造业和企业融入互联网、信息化的大潮。而实践证明，电子商务的应用确实给传统制造业带来一系列变化，主要有以下几点：

1. 生产模式的改变

传统制造业的生产模式主要是大规模生产，如 19 世纪福特建立的汽车装配流水线。这种大规模的生产模式相对于手工作坊而言缩短了生产周期，提高了生产效率，降低了成本，保证了质量，但仍然面临着产品单一、定制化程度低、忽视顾客的差异化需求等问题。在大型生产企业中，制造系统通常是专门设计的设备，导致企业在灵活性和适应性方面表现不佳。如何降低企业成本是每个企业都关注的重要问题之一。为了提高竞争力，许多大型制造企业都采取以客户为中心、快速响应市场变化等一系列新的经营管理思想，并建立起一套全新的管理模式——大规模定制。

大规模定制生产的核心理念是：通过产品和生产过程的重组，将定制产品的生产难题转化为或部分转化为大规模生产的问题。大规模定制生产方式的特征就是把大批量、标准化的产品设计转变为少品种、小批量的定制化设计。在实际的生产系统中，大规模的定制生产是以满足客户需求为核心的。制造企业从客户提出的个性化需求出发，首先关注消费者这一终端用户，深入了解他们的需求偏好和需求时机。由于产品的生命周期大幅缩短，企业只需考虑生产阶段就可满足市场需求。如此一来，企业就无须积累大量的库存，能够以灵活和机动的方式进行生产控制，同时，也能提升消费者对于产品的满意程度。随着市场经济的发展，企业面临着日益激烈的市场竞争。

2. 销售模式的改变

随着移动互联网技术的深入发展和移动设备的广泛应用和迅速替换，传统的销售方式——大规模销售也正在经历深刻的变革。以智能手机为代表的移动终端成为消费者购买商品的重要工具。制造商正在将其销售路径网络化，从而达到“从工厂直达顾客”的效果。同时，制造商利用大数据技术进行分析，根据不同消费者特点提供相应服务，并与顾客保持紧密合作关系。利用这一销售策略，制造业不仅能够简化销售流程、减少成本，还能与消费者建立紧密的联系，深入了解他们的独特需求，从而更精确地识别和开发具有差异化和个性化特点的产品。此外，网络销售方式具有成本低廉、信息透明等优点，使其能够迅速占领市场，并赢得更多市场份额。随着时间的推移，网络销售已逐步转变为企业热衷的销售渠道。在这种形势下，制造商如何利用互联网进行有效的品牌推广就显得尤为重要。

3. 库存模式的改变

传统库存模式的特点是各节点企业的库存管理各自为政，物流渠道中的每一个部门都各自管理各自的库存，都有自己的库存控制策略且相互封闭，并且因传统的生产模式导致大规模生产，各个供应链都有较大的存货。这种库存模式由于各企业间缺少沟通且库存量过大，容易造成产品积压，最后产品销售不出去而导致浪费，这既不利于资源的利用，又不利于传统企业的发展。

如今，各个企业都可以通过互联网来了解消费者对产品的偏好，因此可以根据数据来制定产品的库存量，这种模式称为协同式供应链库存模式。这一模式的核心在于充分提升供应链终端商品的供应率。为了达到这一效果，整个供应链的库存设置在供应链终端的销售商户这里，所有供应链的上游的企业和核心生产企业都要根据最终的产品销售情况来调整自己的生产计划。这一模式的最大特色就在于真正将消费者的需求确立为整个供应链库存管理的指导依据，包括所有的原材料供应企业和核心生产企业在内的供应链企业都显示一样的库存状态，这样就能最大限度地提升消费需求对供应链原材料库存的影响和指导作用。

4. 广告模式的改变

网络连接着世界范围内的计算机与各类终端，因此，通过互联网发布的广告信息范围广，并且不受时间和地域的限制。从广告角度看，如今的广告模式与传统的广告模式相比，网络广告既可以等待目标受众的主动光临，再与其进行互动，又可以通过大规模的精准推送，将广告推送到有潜在需求的客户面前。现在的网络广告沟通模式更为紧凑，沟通效率也因此提高。同时，在互联网上，广告主所提供的信息量是没有上限的。广告主通过计算机终端向广大网民发布商业资讯，并以图文声像并茂的表现形式来传递信息，因此，这种广告模式具有很强的交互性和实时性。网络广告为网络用户提供了丰富的信息资源，打破了传统广告的限制和浏览方式。通过互联网发布的各种广告信息比以往任何时候都丰富得多，而且信息量大、更新快。广告主或者广告代理商有能力提供高达数千页的广告信息和解释，而无需担心传统广告中每一分、每一秒所带来的高额广告成本。同时，由于广告受众与广告发布者面对面地接触，因而也省去了广告发布前的宣传过程。另外，得益于尖端的科技进步，网络广告在多个领域都发挥出全面的功能，达到了和谐、统一的效果。网络广告将是一种全新的广告形式，也必将成为未来广告发展的方向之一。

5. 管理模式的改变

当前，我国的制造业管理模式正在经历一个探索性的阶段。随着互联网技术和电子商务技术的不断发展，传统的管理模式已经不能适应现代企业管理的要求。

随着信息技术和通信技术的飞速发展，网络化已成为现代企业的一个重要特征，正在逐步取代以手工为主的生产模式，从而形成一个全新的信息化管理系统。随着网络技术的发展，管理方式也经历了某种程度的转变。供应链管理就是在这样的背景下产生的一种新的管理思想与方法。在 20 世纪 80 年代的后半段，网络供应链管理模式开始浮现并迅速崭露头角。供应链管理就是以信息技术为基础的现代物流管理系统。供应链可以定义为一个由原材料供应商、制造商、批发商、零售商和终端消费者在产品的生产和流通过程中组成的供需网络。这个网络涵盖了从物料的获取、加工到最终将成品送到用户手中的所有相关企业或部门。供应链管理（supply chain management，SCM）的核心思想，是人们需要深入了解并掌握供应链中各个环节的固有规律和它们之间的联系。通过运用管理的各种功能，人们可以对产品的生产和流通过程中的每一个环节进行有效的调整和管理。通过这种系统化的操作，可以将供应链中的销售、物流、生产、开发和供应等各个环节紧密地联系在一起，从而实现最佳的组合和最大化的效率，加快运营速度，缩短经营时间，减少各环节之间的库存，以最小的成本为客户提供最大的附加价值，并为企业创造新的利润增长机会。目前，我国服装产业已经进入一个全新的发展阶段，即电子商务时代。传统的制造业在由原来的管理模式转变成供应链管理模式后，企业的竞争力明显提高，生产效率、运营速度都有了较大提升。

（三）传统制造业厂商驱动的 B2C 模式与其特点

这里的 B2C 模式不是指电子商务零售中的 B2C 模式，而是指传统制造业以生产企业为中心的生产、销售模式。随着电子商务时代的到来，传统供应链管理模式已不再适应电子商务发展的要求。在传统的生产模式中，大规模、固定流程和大规模的流水线生产主要是为了实现同种商品的低成本生产。传统的营销方式依赖于报纸、杂志、广播和电视等媒体平台进行的大规模营销宣传活动。在这样的广告策略中，品牌是由媒体塑造而成的，而消费者则是被教育和灌输的。由于缺乏有效的沟通渠道，生产商只能被动地接受顾客的反馈。

在传统的 B2C 商业模式中，生产和消费环节被多个批发、分销和配送环节所隔离，同时，生产商通过实施折扣和运费政策，激励分销商和零售商进行一次性的大规模订单。因此，制造商只能根据自己掌握的信息来决定何时生产什么产品。由于信息传播的缓慢和碎片化，生产商通常需要几个月的时间才能从订单信息中察觉到消费者需求的波动。在销售过程中，由于产品的特性，生产商不能准确地掌握市场需求。在整个生产流程中，生产商必须采用猜测的方法来管理库存和生产活动。在供应链环境下，生产商与销售商之间存在着信息不对称问题，这种信息不对称性造成了"牛鞭效应"——需求变异加速放大原理。

传统制造业的 B2C 模式主要有以下特点：

第一，低价策略仍是当前传统 B2C 厂商竞争的主要营销特点，追求的是同质商品的低成本和低价的营销策略。即使构建了电子商务 B2C 平台的制造业厂商，目前看来也逃脱不了这样的命运。

第二，具有较为完善的厂商物流配送和拓展销售渠道。传统的分销渠道较为完善，这些制造业厂商已经建立了完善的物流配送和拓展销售渠道，一般有全国性的销售网点以及大量的实体店。

第三，营销依赖传统大众媒体的狂轰滥炸，依靠媒体塑造品牌，依靠市场培育消费者，但并不注重消费者的体验，没有互联网市场下的"用户思维"，普遍面临着如何提升消费者的购物体验和服务质量的问题。

（四）用户驱动的 C2B 模式与其特点

随着电子商务零售的逐步显现，基于电子商务的生产模式也开始逐步改变传统制造业的 B2C 模式。电子商务生产方式下的产品具有更高的品质要求。由于电子商务的生产模式是由需求驱动的，互联网和大数据技术将制造商与消费者紧密结合，确保消费者的需求数据和信息能够迅速地传递给制造商和品牌商家。因此，电子商务生产方式改变了传统的产品结构与营销方式。制造商会根据市场需求的变化来组织物料的采购、生产制造和物流配送，从而将生产方式从大规模、标准化的推动式生产转变为市场需求拉动式生产。拉动式生产能够有效提高产品生产效率，减少资源浪费，降低产品成本。拉动式生产模式并不一定需要对市场需求作出精确预测，关键在于供应链的各个环节需要更紧密的合作，以实现更为“柔性化”的管理方式。“柔性化”意味着供应链具备高度的灵活性，能够根据市场的变化迅速调整生产能力。无论是多种款式的小批量生产，还是大量返单和补货，都可以迅速完成。无论是大额订单，还是小额的订单，都能保证产品质量的一致性和可控性，成本几乎相同，并且能够及时交付。“柔性化”不仅要求制造商能够迅速响应市场变化，还需要供应链中各个节点之间建立起良好的关系。对企业来说，柔性化供应链的最大益处是在捕捉销售机遇的同时，避免产生库存的风险。

基于此，C2B 作为互联网时代制造业的主流商业模式已经日渐清晰。但是，目前业界对 C2B 最大的误解是将其局限为定制和预售模式。C2B，即客户驱动的商业模式，要点在于“客户驱动”，客户先决定买什么，厂商再决定生产什么、生产多少、进货多少、卖多少。C2B 可简单归纳为“客户定义价值 +SNS（Social networking services，即“社交网站”或“社交网”）营销 + 拉动式配送体系 + 柔性化生产”。大规模定制完全符合上述四条，并作为 C2B 的一种极端模式备受推崇。但是，这并不是全部，代表不了大多数的商业场景。

并非所有的商品和服务都可以内部模块化，如服装领域的时装、家居行业的实木家具，以及更多不需要客户直接参与设计的行业。在大多数时候，消费者只是表达喜欢和不喜欢，并没有能力直接参与设计研发，并不需要定制化生产。在更普遍意义的商业场景中，消费需求呈现长尾市场。例如，画一幅商业需求的频谱图：福特的 T 型车（或者苹果手机）作为需求的一端，完全个性化定制商品在另外一端。除了最左侧的极端情况，大部分的需求都需要多品种、多款式的商品去满足。例如，喜欢某一款式的有几十个人，喜欢另外一个款式的可能有几万人、几十万人。在这里，区别 B2C 还是 C2B 不是看批量的大小、品类的多少，而是看商业逻辑。只要是以消费者需求为中心、以实际需求驱动的商业模式就是 C2B 模式。进一步讲，即使是对单一品种最终销量几十万、几百万的“爆款”，如果采用客户定义价值，配以拉动式配送体系和柔性生产，也是非常完美的 C2B 模式。对于传统企业而言，除了营销端的重塑之外，更重要的是改造供应链系统，即由“推动式供应链”改为“拉动式供应链”。即用更多商品品种去测试市场，然后根据市场实际需求，来决定生产什么、生产多少、补多少货、卖给谁。供需匹配的结果是，每一个人的特定需求都能够得到满足。

（五）“平台 + 个人”（创客、小组）组织模式的崛起

19 世纪中期，股份有限公司逐渐盛行，“公司”成为基本的经济主体。到了 21 世纪的今天，“公司 + 雇员”这一基本结构的空间已逐渐向“平台 + 个人”这一组织模式转变。

每一个企业都面临着从纵向控制到横向合作，或是集中控制和分散创新的复杂问题。传统的企业往往通过垂直化、集中化和一体化来应对这些问题。除此之外，现代企业还面临着如何有效地与外界需求对接的复杂问题。这些问题使得传统的纵向一体化模式不再符合当前时代的要求。现代互联网为这一长久以来的问题提供了一种新的解决方案，即利用后端坚实的云平台（包括管理或服务平台和业务平台）来支持前端的灵活创新，并通过“多个小前端”来实现与“多种个性化需求”的有效对接。在此背景下，企业内部出现了一种全新的组织模式——“大平台 + 小前端”，即所谓的“云计算”。这种“大平台 + 小前端”的组织结构已经成为许多企业组织变革的典范，如海尔的自主经营体等。不仅仅是单一的公司发展出了这种模式，淘宝的在线零售平台也展现出了相似的模式。

在互联网和云计算这类先进技术和商业基础设施的支持下，由于全社会协作

成本普遍降低，“公司”作为一个组织结构，在内部效率方面相对于外部市场来说，已经逐渐显得不够高效。当“公司”的标签逐渐成为“低效率”时，企业的组织规模将不可避免地向微型化方向发展，而“多人企业”的大企业模式最终也会演变成众多的“个人企业”。这就意味着，在这个过程中，每个人都可以成为独立的个体。即便是一个独立的个体，也可能进一步碎片化。当每个人都加入以任务为核心、以流程为动力的各种临时组织时，他们可能会扮演不同的角色。在这种情况变得越来越普遍之前，能够在不同的“剧组”中同时扮演不同角色的“演员”，实际上已经是这条道路上的先驱了。

如今给个人一个良好的平台，他就可以面对全球市场。更确切地说，个人正在迎来自身发展史上的黄金时代。毫无疑问，“平台 + 个人”的模式正在崛起。

（六）传统制造业“三位一体”的转型

随着中国提出“互联网 +”战略，社会价值的主要创造者之一——制造业必然随着“互联网 +”而转型升级。

“互联网 +”的内涵即传统行业利用互联网转型升级，其中，传统制造业的转型升级可归结为新技术应用、商业模式和组织方式“三位一体”的转型：

1. 新技术的应用

随着信息技术和互联网产业的发展，电子商务逐渐成为人们关注的焦点之一。除电子商务外，随着互联网技术的不断进步，制造业将会迎来更多的新技术应用。在这个大背景下，智能制造也将是未来制造业发展的主要方向之一。未来，除了 ERP（Enterprise Resource planning，企业资源计划）系统外，人工智能有望取代更多人的日常工作，为人们的日常工作和生活带来极大的便利。

2. 商业模式的改变

目前，制造业正在向以用户需求为中心转变，从“顾客导向”向“用户创造价值”转化。在制造业中，过去主要采用的是 B2C 的商业模式，但现在已经从 B2C 模式转变为以客户为中心的 C2B 模式，即首先满足消费者的需求，再进行企业的生产活动。在这个过程中，消费者成为主导者，企业只需满足消费者的个性化需求即可。通常消费者会根据自己的具体需求来定制产品和定价，或者主动地参与产品的设计、制造和定价过程。这些产品和价格都是消费者个性化需求的体现，因此生产企业会进行个性化的生产。互联网技术为制造商与消费者之间创造了一种低成本、高效和双向交流的方式；大数据技术使得供应链信息共享程度提高，降低了交易费用和风险，从而提升了市场竞争力。随着现代物流的流畅性和金融支付手段的便利性，以模块化和延迟生产技术为核心的柔性生产方法逐渐走向成熟，这大大降低了交易和柔性生产的成本，为 C2B 的进一步发展提供了有利条件。

3. 组织方式的改变

互联网的普及使得传统制造业的组织方式也有一定的改变。传统制造业的金字塔式的组织架构正在松动，“平台 + 个人”（如创客、小组）的新型组织方式正在崛起。同时，组织的职能也在发生变化：管理转向服务，控制转向协同，激励转向赋能。

用友云平台 IUAP（企业互联网开发平台）是中国大型企业和组织应用最广泛的企业互联网开放平台，畅捷通平台是支持千万级小微企业的公有云服务。该平台在金融、医疗卫生、电信、能源等行业应用，以及数字营销、企业社交与协同、企业通信、企业支付、P2P、培训教育、管理咨询等服务领域快速发展。

二、电子商务给服务业带来的变革

互联网的飞速发展，使传统的服务企业也开启了互联网的进程，诞生了电子商务服务业。因此，对于企业管理者来说，如何将企业自身优势和时代大背景相结合，开创出属于自己的新兴发展之路尤为重要。

（一）电子商务服务业的界定

所有帮助商务活动实现其信息化、互联网化的专业服务，在广义上都可以称为“电子商务服务业”。

在互联网时代，企业的业务流程也随之发生了巨大改变，如何更好地利用信息化手段提升工作效率，成为企业管理者关注的问题之一。以电子商务在零售行业中的应用为例，零售业务中的商品陈列和服务都需要借助电商平台来进行展示和宣传。从流程的角度看，可以将电子商务交易划分为以下几个关键步骤：电子商务企业建立网站—商品展示和服务—关键词投放—广告推广（包括传统渠道和网络渠道）—网站流量提高—在线客服—流量转化—销售实现—网上支付—商家发货—物流送货—买家接货确认—买家卖家互评—售后服务等。

显然，在电子商务的全过程中，为电子商务提供的服务，如建站、市场推广、流量转换、支付、物流和售后服务等，都是电子商务交易的核心流程。这些流程涵盖了众多专业人员的专业服务行为，由此衍生出的各个行业都可以被视为电子商务服务领域。

2007 年，中华人民共和国国家发展和改革委员会与国务院信息办共同发布的《电子商务发展“十一五”规划》中，电子商务服务业这一概念首次被正式引入。电子商务服务业以计算机网络作为核心工具，其主要功能是创造商务环境并推动商务活动。这代表了传统商务服务在计算机网络技术支持下的创新和转型，它是一个基于网络的新型商务服务模式，为电子商务的应用提供了坚实的基础，并成为电子商务创新和发展的关键驱动力。经过多年来的建设和探索，我国已经初步建立了政府主导、行业引导、市场驱动、全民参与的电子商务服务体系。2020 年，国家示范基地内的电子商务企业数量已经增长到 10 万家，孵化出的电子商务企业数量也超过了 3 万家。

电子商务服务业是为企业和个人设计的，基于硬件、软件和网络技术，为企业和个人提供全方位且目标明确的电子商务辅助服务，主要涵盖了基于互联网的交易服务、业务辅助服务和信息技术系统的服务三大领域。电子商务服务业的发展水平直接影响我国信息化建设进程以及国民经济整体运行的质量和效率。从本质上看，电子商务服务业属于一种新产业形态，其发展模式可归纳为两种类型：

第一，服务业的电子商务化。服务业是一种与人类活动息息相关并不断发展变化的产业类型，既不同于制造业，也有别于商业或其他服务行业。服务业通常指的是生产和销售服务产品的生产部门和企业的集合。服务业电子商务就是将互联网技术与传统服务行业相结合的产物。电子商务基于先进的信息技术，采用电子化手段，并以商业活动为核心，在法律允许的范围内开展各类商业活动。它不仅包括传统商务活动中的电子交易行为，还包含传统商务之外的其他一些商业活动。服务业的电子商务包括服务过程和产品两个方面。

第二，专门为电子商务服务的新兴服务行业体系。电子商务服务业是指随着电子商务的进步和信息技术的发展，衍生出的为电子商务活动提供服务的各个行业的集合。电子商务服务业核心是在新技术应用的推动下产生或衍生出的新兴产业或行业，这些产业或行业具有创新和可扩展的特点，具有广阔的发展潜力，属于创新技术应用和衍生的领域，与其他相关产业之间存在着密切的关系。

基于传统服务业的电子化进程，新兴行业应运而生，代表了服务业在信息技术领域的新的扩展以及服务业的进一步深化和延展。电子商务服务业是现代社会经济结构中不可缺少的一部分。新兴的电子商务服务业不仅为电子商务提供了服务，也为传统服务业的升级和改革提供了支持，是电子商务发展的基础，也是电子商务生态健康发展的保障，更是每个国家经济社会发展信息化、电子化的战略性基础产业。

（二）电子商务服务业的构成

伴随着电子商务的持续壮大，电子商务服务业得到了迅速的扩展，其内部结构也日益丰富。从全球范围来看，电子商务服务业已经成为世界各国经济增长的新引擎之一。当前，电子商务服务业构成主要包括以下内容：

1. 电子商务交易平台服务业

在中国，电子商务服务业最早可以追溯到1995年，以阿里巴巴为首的电商平台陆续推出了淘宝网和支付宝等多项服务，为中小型企业和创业者在互联网和电子商务领域的发展奠定了基础。随着电子商务服务业的进一步完善和成熟，其功能逐渐从简单的商务中介向综合服务转变，由单一交易模式转向多领域整合，从而成为电子商务服务业中最具发展潜力的部分之一。在整个电子商务服务业中，电子商务平台服务业是最早开始的一个环节。在这一阶段，电子商务平台服务业主要提供信息发布与搜索、交易撮合与结算、支付与清算以及相关产品和服务。随后，基于电子商务平台的各种服务和衍生服务开始崭露头角并持续发展。随着互联网技术的不断成熟和完善，电子商务服务逐渐成为一种新的商业模式，并逐步向其他行业渗透。2003年左右，中国的电子商务服务业真正开始了它的发展历程。

随着电子商务用户数量的增加，中小型企业和个人消费者对电子商务平台的需求变得更加多元化。电子商务平台开始从传统交易模式向综合服务平台转变。在互联网技术的支持下，我国的电子商务服务业已经步入了一个高速增长的时期，电子商务交易平台在企业经营中发挥了重要的作用。

目前，电子商务服务，尤其是交易服务，正在快速地从“居间中介”为核心转向“平台服务”为核心，同时也从主要的撮合交易转向了创建交易环境和推动交易活动，这使得电子商务服务平台的重要性日益凸显。同时，电子商务服务也在推动着电子商务平台不断发展壮大。随着中小企业对电子商务应用的认识和需求迅速增长，中小企业的电子商务服务平台也得到迅速的发展。

2. 电子商务物流服务业

电子商务物流作为一种新兴行业，在迅速崛起并逐步走向成熟，已逐渐成为推动现代经济发展的新动力之一。我国电子商务，特别是网络购物的快速增长，极大地推动了电子商务物流服务，特别是快递服务的发展，使其变成社会商品流通的一个重要途径。电子商务的发展提升了物流业的地位，加速了物流业的转型，由此产生了电子商务物流服务业。

电子商务对物流的影响是全方位的，其对物流的各个环节和各个功能都产生了积极的影响，从而促进了物流本身的变革。随着电子商务的发展，第三方物流成为主流。本书所指的电子商务物流服务业，更多的是指第三方物流。

在电子商务环境下，物流企业更加强化，它既是生产企业的仓库，又是用户的实物供应者。同时，物流企业促进了供应链管理模式的变化，促使供应链短路化，不需要设置多层的分销网络，降低流通成本，缩短流通时间。供应链中货物流动方向由“推动式”变成“拉动式”。新技术率先在电子商务物流服务业中得到使用，尤其是信息技术、自动化技术和物联网技术等。

电子商务服务业具有信息化、网络化、自动化、智能化、柔性化的特点，它们为电子商务的发展提供了重要保障，同时也使本行业成为社会商品流通的重要渠道。电子商务物流服务业是保证电子商务业务成功开展的关键。

3. 电子商务信用服务业

电子商务信用主要指的是电子商务交易中由买方、卖方、电商平台提供方、第三方物流、工商、税务、银行、公安及其他构成的多方之间互动的信用关系，每个参与者都承担着相关的信用责任。电子商务信用服务业正是为促进电子商务健康、有序地发展所需服务产业之一。

电子商务信用服务业的业务主要包括交易双方的信用评价、第三方信用服务机构的信用评价报告或评估等级、代收款信用担保服务、诚信保障基金、电子商务认证中心提供的数字证书、数字签名和数字时间戳等六个方面。

从服务供给来看，电子商务信用服务机构已逐渐从提供信用评分、信用评价、信用认证等初级信用服务产品，向提供多层次、分类别、多样化的信用服务产品转变，电子商务信用服务业的产业化进程不断加快，发展规模日益扩大。目前，我国电子商务信用服务业的市场竞争已经基本形成了官办机构、民营企业、中外合资企业共同发展的格局。多层次的电子商务信用服务体系初步形成。

4. 电子商务咨询服务业

电子商务咨询属于管理咨询领域按行业分类的下属分支，主要是指电子商务咨询机构针对已经建设或即将建设电子商务项目的用户方进行的关于网站建设、电子商务系统开发、网络营销、互联网模式等方面的咨询工作。

商务咨询包括三个阶段：用户诊断、方案设计和辅助实施。用户诊断是指通过需求调研，客观、系统地剖析用户方电子商务项目的运行现状，揭示电子商务项目建设中存在的问题及产生问题的根源，提出解决问题的思路性建议；方案设计是指在用户方在电子商务项目现状诊断的基础上，设计系统的、具体的电子商务解决方案并进行规划；辅助实施是指组织用户方人员熟悉、消化电子商务咨询方案，辅助用户方模拟实施电子商务解决方案，根据实施结果对方案进行必要的调整。

作为电子商务服务业的重要组成部分，电子商务咨询服务业就是其中一种新型的物流中介服务方式。电子商务咨询服务行业的出现是社会进步、经济增长和社会分工专业化的综合体现，以更高的智力要素密度、更高的产出附加值、更低的资源消耗和更少的环境污染为现代服务业的显著特征。目前，我国电子商务咨询服务市场尚处于起步阶段，但其发展潜力巨大，发展前景广阔，是按照新的经济增长方式建立起来的资源节约型、环境友好型及可持续发展的行业。

电子商务咨询服务业通过对企业电子商务项目进行整合思考和重新定位，指出企业电子商务项目建设中存在的问题，提出针对性极强的电子商务咨询方案，推动企业电子商务良性发展。

5. 电子商务教育培训服务业

电子商务教育培训服务行业是网络教育服务的一个子行业，通常通过教育培训门户网站来展示。它依托于互联网这一平台，以“在线”为核心特征，通过提供优质、高效的教育培训服务，实现教育资源的共享。通过利用先进的网络技术，它在教育培训的主体机构与消费者之间构建了一个高效的信息交流桥梁，这也是中国教育培训行业向着多元化方向发展的必然结果。

从宏观角度看，传统的企业迫切需要寻找进入电子商务的途径。考虑到中国的信息化水平和网民对网络教育的日益增长的认知，电子商务教育和培训服务行业的市场规模预计会持续扩张。随着互联网技术的飞速发展，人们获取资讯和获取信息的途径更加广泛。受到知识经济浪潮的驱动，终身教育在人们的日常生活中将变得至关重要，这也意味着知识的更新在人们的工作和生活中的作用将日益凸显。因此，电子商务作为一种新型的商务模式已经逐渐被大众所接受。

电子商务教育培训服务行业成功地突破了传统教育模式在时间和空间上的束缚，并在教学方法上展现了高度的交互性，其主要的应用模式有网校、电子期刊、数字图书馆、直播等。

6. 电子商务数据基础服务业

随着大数据时代的兴起，与传统的实体销售企业相比，快速增长的数据已经变成了电子商务企业极具竞争力和商业价值的资产。作为电子商务企业的硬件基础，大数据在电子商务快速发展的今天，也成长为一个重要的行业。

网络的发展使得电子商务成为时代的潮流，而电子商务数据基础服务业是推动电子商务企业持续向前的原动力。没有数据基础的后台支撑，电子商务企业将无法运营。电子商务基础服务企业掌握了几乎最全面的数据信息，电子商务企业通过对海量数据的收集、分析、整合，挖掘出商业价值，促进个性化和精确化营销的开展。在信息化高速发展的今天，信息资源的经济价值和社会价值越来越明显，建设以数据为核心的各类电子商务信息系统，对提高企业的效益、改善部门的管理均具有实实在在的意义。

（三）电子商务生态系统构成

1. 从生态链的角度来看

从生态学的视角分析，电子商务生态链上各参与主体之间存在着复杂的相互作用关系。从生态链条的视角出发，电子商务的生态主体包括了生产者、传递者、消费者和分解者等多个部分。在交易过程中，卖家和企业起到了主导作用，他们是生态系统中其他参与者的主要服务对象。其中，卖家负责产品的销售和推广工作，企业则承担着商品生产和供应等职能，是电子商务生态系统中最重要的一环。在电子商务生态系统中，传递者主要指的是用于传递信息的各种媒介和途径，其中主要涵盖了门户网站和交易平台等，它们构成了生态系统中其他参与者所依赖的信息交流渠道。消费者则主要是指购买商品的人或使用商品的用户，包括个人和群体等，也是生态系统中其他主体的服务对象之一。分解者主要是指那些为电子商务生态系统中的主体提供有价值信息的政府部门、科研机构和金融机构等。消费者群体主要是负责接收和利用信息的机构，其中主要涵盖了终端消费者以及其他相关群体。在生态系统里，信息的传递和分解都是为了终端的使用。

在电子商务生态链中，信息传递和分解过程受到了不同因素的共同作用，包括法律环境、信息技术等。电子商务生态系统内部各个要素间存在着复杂而又紧密的联系。只有在平衡状态下发展和演化，主系统中的每个子系统才能实现良性、健康的成长。

自 1994 年电子商务在我国首次亮相以来，随着网购人数的上升和电子商务网站的壮大，众多的机构和企业都被吸引到电子商务行业中。由于电子商务是一种新型的经济模式，给社会各行业都带来了巨大的影响。电子商务的迅猛增长也吸引了多家增值服务机构的参与，包括电子商务证书认证机构和电子商务从业人员培训中心等。这些第三方的服务企业在不断地进行着业务上的拓展，并将部分业务延伸至电子商务领域，提供相关服务，从而构建了一个庞大的电子商务生态系统，其生态特性逐步呈现。

2. 从商务生态系统的发展来看

观察商务生态系统的演变历程，可以将其分为四个主要阶段。同时，作为商业生态体系中的一个组成部分，电子商务生态系统也经历了这四个不同的发展阶段：在第一个阶段，新型的商务生态系统开始逐步形成并展现了初步的规模；在第二个阶段，通过核心产品、服务以及独特的产业价值链来吸引客户，并进一步扩大生产和销售的规模；在第三个阶段，建立一个相对稳定的商业共同体，并达成双方都能受益的合作协议；在第四个阶段，以技术的革新为基础，以企业间合作关系取代以往单一的纵向联盟模式，形成了一个具有开放性和竞争性的复杂网络环境。随着技术的进步和创新，商业模式会发生相应变化，并最终演变成一个完整的生态体系。

3. 电子商务生态系统结构

（1）核心层

核心层包括电子商务平台、买家、卖家，主要包括电子商务达成的“三流”，即信息流、资金流和物流三类活动。

（2）扩展层

扩展层是指电子商务衍生服务，具有专业性强、技术含量高、风险大等特点。由于人力资源或特定的社会分工等因素，企业在开展电子商务活动时，往往需要依赖外部的“支持”，如进行外部业务、管理外包、咨询专业机构或个人，以及参与教育和培训等多种活动。

（3）相关层

相关层包括电子商务主管部门、组织等，主要包括与电子商务交易相关的政府主管部门、行业协会组织、教育和科研机构等，提高了全社会对于电子商务和电子商务服务业的认知和接受程度。

（4）社会层

社会层包括经济、技术、政策等，涵盖了同电子商务服务业密切相关的社会环境因素。

（四）电子商务服务业的作用

电子商务服务业发展飞快，不仅得益于互联网的飞速发展，更在于电子商务服务业的各种优势。

1. 降低社会交易成本

电子商务服务能通过互联网平台实现对传统行业的改造。电子商务服务提供商为交易活动提供了高效和便捷的基础设施，并在交易流程的每一个环节都提供了专业化的服务，从而增强了交易参与者的可获得性和整个交易过程的便捷性，进一步有效地减少了交易成本。

2. 促进社会分工协作

电子商务服务商的发展和服务内容的丰富。电子商务服务可以帮助企业获得新的市场机会并创造新的价值，促进经济增长。其目标是让企业能从商业流程中解脱出来，将注意力集中在满足客户的需求、产品、营销策略、商业模式、服务和金融创新上，从而激发社会上的创新活动。电子商务服务业通过与消费者沟通，在一定程度上缓解了信息不对称问题，促进了消费升级，进而拉动了整个国民经济增长。

3. 推动社会创新

电子商务服务商通过对企业内部业务流程进行优化重组，降低运营成本，提高运营效率。电子商务服务提供商为网络商家提供了从采购到营销，再到融资的完整服务流程，这大大减少了企业在日常运营中的时间、人员和资金开销，并在产品、服务、营销和商业模式上进行创新，从而进一步促进社会的创新活动。

4. 提高社会资源配置效率

在电子商务服务业的支持下，无论是传统的企业还是独立创业者，都能通过多种途径，如外包、采购和战略合作等，与供应链的各个环节的合作伙伴建立广泛而紧密的联系，有效地整合社会资源，同时为客户提供产品和服务，从而显著提升社会资源配置的效率。

（五）电子商务服务业的未来发展

电子商务服务产业既不同于传统产业中的制造业或商业服务业，也不同于一般的新兴服务行业，而是一个具有独特特征的新兴产业体系。

第一，电子商务服务产业可能是未来掌握物品定价权、重要战略物资控制权、经济发展主导权的产业。在国家政策扶持下，我国电子商务服务业有广阔的发展前景和巨大的发展潜力。

第二，电子商务服务产业是有望实现由“中国制造”转变为“中国创造”的产业。

第三，电子商务服务产业是一类典型的“三高两低”，即科技含量高、人员素质高、附加价值高，物资资源消耗低、污染排放低的产业。

第四，电子商务服务产业就业机会多、综合效益好，对相关产业带动作用大，改造提升传统产业作用明显。

我国电子商务服务产业发展所面临的优势条件包括：首先，经济规模持续增长，这为电子商务服务产业的进一步发展创造了稳固的经济基石和多个市场机会。其次，随着信息网络基础设施的不断完善和网民数量的持续增长，网络发展呈现出迅猛的趋势，这为电子商务服务业的进一步发展提供了坚实的网络支撑。再次，为了进一步推动经济增长模式的转型和结构的优化，对电子商务服务业的需求持续增强。最后，全球各地在资源、市场、技术和人才方面的国际竞争日益加剧，这进一步激发了企业在电子商务应用方面的积极主动性，推动电子商务服务业的发展。

三、互联网给物流业带来的变革

互联网对电子商务物流的影响是非常大的，可以这么说，没有互联网，就没有电子商务物流。首先，通过互联网，企业之间的交流得到了加强，企业能够迅速地满足客户的即时需求，并极大地简化了交易流程。其次，互联网推动了物流各个环节之间的密切协作。物流网络是由众多节点组成的，每个节点有各自不同的功能和特点。随着计算机技术的广泛应用和互联网技术的迅猛进步，互联网在电子商务物流领域中对资源配置的引导和整合能力日益增强，它始终是电子商务物流的核心，并为电子商务物流的进一步发展提供了方向。最后，互联网给电子商务物流带来巨大机遇。电子商务物流是一个由不同主体组成的复杂体系，每个参与物流活动的企业都有可能成为这个网络上的节点。鉴于互联网拥有无尽的开放性和扩展性，因此，通过互联网连接的节点数量相当庞大。当一个节点出现故障时，其他的备用节点会迅速加入，这为整个物流系统提供了无限的开放性和扩展性，从而极大地提升了物流效率。但是，随着信息技术的发展，互联网还会给电子商务物流带来巨大的变化。

（一）互联网提高了电子商务物流的效率

1. 电子运单加快发货效率

电子运单（E-waybill），又称为“电子面单”或“标签式详情单”，发端于国际航协的“电子货运”计划。电子运单按照所用纸张分为两类：一类是热敏运单，必须通过热敏打印机打印在热敏标签上；另一类是普通电子运单，可通过激光打印机等普通打印机打印在普通纸上。目前，热敏运单用量与传统运单相比，占比不断攀升。

在效率上，电子运单打印速度是传统面单的4～6倍，需要的操作人员更少，成本低且节能环保。与传统的四联单上门收取并手动录入系统相比，客户可以通过客户端软件或快递网站在线下单，这使得快递公司能够提前分配货运资源，提高了配送的响应速度。在此过程中，快递企业只需在货物上贴上电子运单即可实现全程跟踪管理。在取件的时候，可以使用电子存根直接上门取件，然后扫描配送。平均每单打印只需花费1秒钟，比四联单快4倍，高效率的打单大大缓解了电商客户的大批量打单压力。[①]

2. 仓库前置，提升时效

仓配是物流行业的最关键环节，如何利用互联网对仓配进行改造，是物流行业科技进步的核心。互联网推出了综合消费趋势和大数据计算的新型仓配网络，做到了“订单未动，物流先行”，并通过大数据智能分仓，将库存前置，提升了时效。

① 杨光伟．电子商务时代：电子物流决胜[J]．商业研究，2005（7）：149-151.

3. 货不动数据动，减少物流成本

新型仓配网络的建立使得商品不动，而物流数据产生变化，有效地减少了物流的成本。

（二）互联网改变了电子商务的流通体系

大力发展物流流通体系的基础设施建设和完善大数据物流信息平台，是提升物流服务质量及不断优化行业环境和条件的不可或缺的条件。电子商务作为现代经济发展的新引擎，已经成为全球贸易活动的主要方式。在这个变革中，互联网对于电子商务的流通结构起到了至关重要的作用。

1. 塑造资源汇聚度更高的新型流通生态和组织模式

（1）资源、服务的网络集散门户和新型集聚形态形成

通过建立“一站式”服务平台来实现电子商务的高效运作。电子商务平台将流通市场中的各种资源和服务整合到了互联网上。这类平台通过互联网实现商品或劳务的买卖，并进行支付结算等业务活动。这类平台采用第三方经营模式，将流通交易的供应方、需求方以及其他第三方服务提供商进行整合。同时，通过交易平台进行信息流、资金流和业务流的有效结合，实现对商品流通的组织、管理和控制。电商平台可以为各类市场主体提供一站式购物体验和交易服务平台，并将其转化为新业态下流通业发展新动能。

（2）第三方中立平台模式可以改善信息不对称问题

第三方中立平台模式改变了信息传递机制和渠道，使信息传递更为便捷，降低了交易费用，提高了流通效率。电商平台作为市场交易的中立第三方，既是交易制度的维护者，也是环境的创造者。电商平台具有“信息中介”性质，能够为买卖双方提供全面可靠的交易信息，从而降低因双方信息不对称而造成的风险。不同于传统的实体市场平台，电商平台利用信息技术掌握了每一笔交易的详细数据，并且能够实时接收消费者的反馈和投诉。传统市场上的单次交易导致的商家的逆向选择和消费者的道德风险问题，都可以通过交易评价体系转化为下一次交易的口碑和声誉。

（3）流通市场的极致细分化与专业化水平提升

随着信息技术、网络技术、电子商务和移动终端的快速发展，流通企业开始向“微”方向转型升级。流通市场有能力满足长期和个性化的客户需求。通过获取反馈评价机制、销售量等大数据，供应方可以更迅速地获取各种需求变化的信息，从而显著提高供应链的灵活性。

2. 关系型销售网络和共享经济得到快速发展

网络技术变革了人们传统的消费习惯和生活方式。互联网时代的到来给人们带来了一种全新的生活方式，以网络社交平台为标志的在线互动交流正在逐渐改变传统的社交方式。

（1）集体订单、分享专业产品知识等形式快速发展

社群电商是互联网技术与传统商务融合产生的新型商业模式，其核心在于为消费者提供个性化服务，实现精准营销。社群经济的核心是建立在共同兴趣爱好基础之上，而不是单纯依靠“粉丝”。在网络社交平台上，社群通过聚集有相同兴趣和收入的人群，形成具有相似收入和兴趣的消费者群体。经过社群的深入讨论，产品通常具有非常高的定制化水平。在这样一个社群里，消费者可以与自己熟悉的朋友互动沟通，从而提高购买意愿。

（2）社区化众包成为新兴共享经济模式和业态

社区化众包以社区为载体，借助网络平台，整合资源进行专业化分工，提供个性化服务，从而达到提高服务质量的目的。社区化众包是一种通过移动互联网来建立基于社群关系的交易路径、共享经济模型和商业模式的方法。它通过在社区中建立一个虚拟空间——“社区”来连接消费者与生产者。

3.C2B 定制进一步重塑我国未来流通体系

随着互联网技术的不断进步和其与大数据、3D 打印、云计算等技术的深度融合，C2B 和 C2M 的理念将为流通体系带来新的变革，并进一步丰富流通渠道的定义和内涵。

（1）C2B 定制带来流通渠道的“泛在化”

在未来，商业和旅游区域的融合将不仅仅局限于一些具有高度个性化和试穿试用性的商品（如时尚和美妆），还将包括专门的门店。传统的商场和商城有可

能转变为休闲旅游和提供面对面服务（如咨询和治疗等）的场所。

（2）推动流通渠道自身迭代更新的速度加快

随着信息技术发展和电子商务平台的普及，网络技术在流通渠道中发挥着越来越重要的作用，传统的流通渠道正逐渐被电子渠道所取代。随着互联网流通渠道的发展，产品信息和消费者的反馈变得更加透明。大量用户对 UGC（user generated content 用户原创内容）的评论使得产品的质量、性价比等关键信息能够实时传达。

（三）社会化物流和智慧物流是电子商务物流趋势

社会化物流和智慧物流是电子商务物流的发展趋势，这是物流自动化、信息化的一种高层次应用。

在物流操作过程中，诸如确定库存水平、选择运输（搬运）路径、自动导向车的运行路径和作业控制、自动分拣机的操作以及物流配送中心的经营管理决策支持等多方面的问题，都需要依赖大量的专业知识来解决。随着信息技术的高速发展和大数据时代的到来，以人工智能为核心的物联网技术已经在很多领域得到应用并取得良好效果，而这些成果最终将会运用到智慧物流中去。因此，智能物流已经成为不可避免的发展趋势。

大数据的发展为社会化物流和智慧物流奠定了技术基础，物流业必须大力促进信息的数据化，并且数据要实现云端共享，为产生充分优化的物流路径作铺垫。

第四章　电子商务营销策略与市场运营

电子商务是一种以网络为基础、通过计算机通信技术实现对整个商务流程进行全面协调和优化配置的新型商业运营方式。企业要想实现长期、稳定的可持续发展就必须借助电子商务进行营销活动。

第一节　网络营销策略

一、产品策略

（一）电子商务网络营销产品的分类

按照商品的不同形态可以将适合于网络销售的产品分为三大类，分别是数字化商品、在线服务和实物商品，如表 4–1–1 所示：

表 4–1–1　电子商务网络营销产品类型

产品类别	产品实例
数字化商品	新闻产品、媒体产品、广告、软件产品等
在线服务	飞机票、火车票、酒店客房、远程教学、远程医疗等
实物商品	计算机、电子产品硬件、高级跑车、专业工业用品、书籍、音像制品、礼品、鲜花等

（二）电子商务网络营销产品的特征

适合在网络上销售的产品通常具有以下特征：

1. 产品性质

在销售初期，网上用户对技术的要求相对较高，因此，网上销售的产品基本上都是与高技术、计算机或网络有关的数字化商品、在线服务等。相对于实体商品，数字化商品更容易在网络中进行营销。由于消费者只能通过图片等手段认识实体产品的外观，对商品的有形产品层次的认识相对较弱，而在网络上，商品信息主要是数字化形式，既可以使商品有很好的展示空间，又能传递如远程医疗、网络游戏等无形商品。而且，数字化产品还可以在网上直接交付，避免了传统的配送环节，非常适合在网上销售。

2. 产品质量

网络的虚拟性使顾客可以突破时间和空间的限制，实现网上直接订购和远程购物，使消费者足不出户就可以购买自己需要的产品。但是，网络市场的产品质量信息并非完全对称，消费者在虚拟市场中购买产品，因无法试用或触摸，不能作出正确的评判，产品很可能有质量缺陷，而给购买者造成精神上或物质上的损失。

3. 产品品牌

产品的品牌是产品质量的标志。购买者由于在网上选择产品的范围广且无法进行购物体验，因此，一般对品牌有较高的关注度。名牌产品有助于降低客户的不信任感，减少虚拟交易给消费者带来的风险。这要求生产商和经营商更加注重品牌效应，只有拥有明确、醒目的品牌，才能更吸引浏览者的注意，在网上销售的成功率才会更高。

4. 产品价格

购买者在网上消费往往更倾向于价格低廉的产品，昂贵的产品很难在网络上直接销售。这是由于对于一般购买者来说，价格昂贵的产品是一笔很大的开支，客户通常会比较慎重，更愿意采用面对面销售的方式。那些价格特别便宜但配送的成本比产品本身的价格还高的商品，也会使购买者失去消费兴趣。

5. 产品式样

随着社会经济和文化的发展，消费者对产品的式样要求日益呈现出个性化、多样化的特点。在传统营销方式中，由于买卖双方沟通成本非常高，一般很难满足每个消费者的个性化需求，而网络产品的种类繁多、样式丰富，同时为买方和卖方创造了一个方便的沟通渠道，有利于满足消费者个性化的需求。而且，网络突破了时间和空间的限制，利用互联网，人们能够向全球推广与特定国家或地区的文化、信仰和教育背景相匹配的产品。随着电子商务技术的发展和普及，人们对个性化产品的消费欲望也会不断增长。

（三）电子商务网络营销产品的层次

网络营销与传统营销市场存在显著的不同，能够满足在线客户的特定需求。因此，网络营销产品的层次比传统营销产品的层次大大扩展了。具体来说，网络营销产品的层次主要有以下五种：

1. 核心利益或服务层次

这一层次代表了产品的基础层面，是满足消费者需求的关键部分，能为消费者带来基本的利益或好处，是消费者真正想要购买的物品。根据对不同消费群体的分析，人们会有不同程度的个性化需求。例如，购置计算机主要是为了满足职业或休闲的需求，购置食品的主要目的是满足饥饿和营养需求。企业要实现这些目标就必须首先了解消费者需求，即产品的核心需求。营销的核心目标是探寻隐藏在产品之后的消费者的真实需求，并为他们提供所追求的核心利益和服务。消费者的需求千差万别，但都具有一定的共性，即都希望得到某种产品或者服务。消费者对于同一种产品的核心需求可能存在差异。例如，对于服装的需求，有些人追求的是保暖，而另一些人则是追求外观的美感。因此，只有当营销人员更深入地理解消费者的核心需求时，他们才能更有目的性地进行生产和经营活动。

2. 有形产品层次

这个层次描述的是产品在市场上呈现时的具体形态，是基于核心层次的企业设计和生产团队，通过特定的载体，以实体物体的方式展现出来的，主要表现在产品的品质、特征、式样、商标和包装五个方面，如计算机的品牌、质量等。

3. 延伸产品层次

该层次主要包括消费者在购买产品时所得到的、区别于其他竞争对手的产品附加利益和服务，使消费者更好地使用核心利益和服务。例如，计算机可以根据消费者的需求进行个性化定制，使其与竞争对手区别开来。另外，企业还可以提供信贷、质量保证、免费送货和售后服务等服务。产品的独特性特征是影响消费者偏好的重要因素。

4. 期望产品层次

该层次是网络营销的附加层次，网络营销因此可以更好地满足消费需求的个性化特征。消费者对产品有了初步的认识后，就开始产生对产品的心理期待。在决定购买某一产品之前，消费者会基于自己的偏好，对商品的品质、使用的便捷性和特性等多个方面提出他们的预期。企业根据这些预期所生产的产品，即为期望产品。期望产品是企业与消费者之间信息交流的中介，也是企业营销活动中的一个重要环节。

5. 潜在产品层次

潜在产品层次也是网络营销的附加层次，是在延伸产品层次之外，由企业提供能满足消费者潜在需求的产品层次。远期收益是产品的一种增值服务。例如，计算机公司为消费者提供包括培训、咨询、问题解决等各种各样的服务。

（四）电子商务网络营销产品的策略选择

1. 充分考虑产品的性能

信息经济学将产品从大的方面划分为可鉴别性产品或标准产品、经验性产品或个性化产品。可鉴别性产品是当消费者进行购买时，他们可以选择或评估产品的质量；经验性产品是只有在消费者购买之后，他们才能决定或评估产品品质。由于消费者对产品质量有很强的鉴别力，因此，消费者往往通过比较来选择产品。在通常情况下，具有可鉴别性的产品在互联网上的推广更为容易。

2. 物流配送

网络营销虽然可以消除地域的束缚，但是，在实际流程环节中，还要充分考虑产品，尤其是实体产品的营销区域范围与物流配送体系之间的协调。由于网络营销面对的目标市场地理范围广泛，而配送的距离不同会产生不一样的费用，因此，企业应充分考虑这一因素，谨防出现因无法配送而导致企业的声誉受到影响或物流费用过高的现象。

二、价格策略

（一）影响电子商务网络营销价格的因素

电子商务网络营销价格的形成是极其复杂的，主要受到以下几个因素的影响和制约：

1. 价格差异

在同一时间，市场上的同一商品有不同的价格，网络营销价格并非一致，而是具有差异的。

2. 标价成本

标价成本是指商家在改变定价时产生的费用。

3. 价格水平

网上价格一般比传统市场价格低，因此，网络营销价格也会受到一定的影响。

4. 价格弹性

价格弹性是指价格的上下波动引起的需求量变动幅度，电子商务网络营销价格具有一定的波动性，并非长期固定的。

（二）网络营销价格策略类型

1. 低价位定价策略

互联网为消费者带来了一个显著的好处，那就是销售渠道的成本相对较低。通常情况下，网络上的价格比实体市场的价格要便宜，这有助于减少消费者的购物开销。因此，在网络环境下，企业应该制定出合理的低价销售策略。实施低价位定价策略意味着在公开价格时，价格必须低于同类型产品的价格，这样可以在短时间内迅速占据市场份额。选择低价位定价策略的一个原因是，利用互联网可以减少传统商店的运营成本，同时，也有助于扩大其市场推广。

2. 个性化定制策略

个性化定制策略是指在企业能实行定制生产的基础上，满足顾客对产品外观、颜色和样式等方面的内在个性化需求，并承担自己愿意付出的价格成本。例如，消费者可以在戴尔的网站上选择适合自己计算机的不同配置，戴尔公司会立即进行订货、组装，并在 7～10 个工作日内发货。个性化定价策略成为电子商务网络营销的一个重要策略，是营销方式的一种创新。

3. 折扣定价策略

折扣定价策略主要通过以下几种方法实现：

（1）现金折扣策略

鼓励消费者按期付款或提前付款，使企业资金周转加快。

（2）数量折扣策略

对于购买本企业商品数量越多的消费者，给予的折扣越大。

（3）交易折扣策略

充分调动中间商的积极性，利用中间商来努力推销产品。

（4）季节折扣策略

鼓励中间商或顾客在反季节购买，降低企业因压货所带来的资金占用负担和存储费用，均衡企业生产。

4. 拍卖定价策略

网络消费者是在网上拍卖的主要群体，一般进行拍卖的物品主要有二手货、收藏品等。进行拍卖的中介既包括淘宝网等网站，也包括一些拍卖行，拍卖的过程会涉及线下交易。

5. 免费定价策略

企业采用的免费定价策略意味着以零成本的方式为客户提供产品和服务，以满足他们的各种需求。免费定价策略的实施有利于降低消费者的消费成本，提高消费者的忠诚度，从而促进产品销售。企业采用免费定价策略的类型主要有四种：

（1）完全免费

对产品或服务的所有环节都实行免费。

（2）限制免费

产品或服务在使用超过一定期限或者次数后，该免费服务会被取消。

（3）部分免费

产品或服务的一部分是免费的，要想获得全部成果必须支付一定的费用。

（4）捆绑式免费

在购买某产品或者服务时赠送其他产品和服务。

采用免费定价策略时，一方面，顾客可以在免费使用后对产品产生依赖性或习惯，然后购买产品；另一方面，免费定价策略可以吸引消费者，拉动顾客试用的主动性，培养消费者的忠诚度，进而使企业发掘出后续商业价值。总的来说，企业可以通过采用免费定价策略抢先占领市场，从而在市场中获取收益。

三、渠道策略

（一）网络营销渠道的类型

电子商务的发展使营销渠道的结构发生了改变，从总体上来看，一般可将电子商务网络营销渠道分为以下两种：

1. 网络直接营销渠道

与传统的直接分销渠道一样，网络直接营销渠道没有销售中间商，生产商通过网络直接销售产品，形成一对一的市场。随着互联网技术的发展，遍布全球的网络可以直接连接最终消费者，生产者通过建设网络营销站点，消费者可以直接从网站订货，大大降低了生产商与消费者之间的沟通成本。目前，越来越多的企业建立了自己的网站，无须中间商的参与，使企业直接与最终消费者接触，销售产品。同时，企业还可以通过与一些电子商务服务机构（如网上银行）合作，提供支付结算功能；与一些专业物流公司进行合作，建立有效的物流体系。在网络直接营销渠道中，企业要注意避免用一种形式对待所有客户，要使产品和服务满足各类人群的不同需要。但由于网络直接营销渠道需要建设自己的网络营销站点，成本比较大，一般适用于具有足够市场竞争优势和品牌知名度比较高的大中型企业。

2. 网络间接营销渠道

间接营销渠道是指在产品或服务从生产者流动到最终消费者的过程中，中间至少有一个融入互联网技术的中间商，构成一个分销渠道的层次。每个渠道层次在某种程度上都能推动产品及其所有权向最终消费者流动。网络间接营销渠道不同于传统间接分销渠道所具有的多个中间环节，只需要新型电子中间商这一个中间环节即可。一些缺乏足够的市场优势和品牌知名度的中小型企业为了克服网络直销的缺点，多采用网络间接营销渠道。

（二）网络营销渠道的功能

1. 网上谈判功能

网上商务谈判系统在电子商务网络营销中能够提供供需双方的在线洽谈与咨询，实现订货前对产品的价格问题、规格与质量要求、付款结算方式、供货方式与时间、售后服务等的商务谈判。

2. 订货功能

与传统订货功能相比，在网上实现订货功能虽然也同样需要订单来实现，但是也有其特性。网络订货系统是一种基于互联网技术的新型网上订货系统。网络订货系统不仅为消费者提供了产品的详细信息，还能使企业对市场需求有更准确的预测和把握，从而更好地为企业服务。由于消费者对价格敏感程度高，因此网上订货系统也能为企业带来更多的利润。

3. 结算功能

当消费者购买商品后，他们有多种支付方式可供选择。相应地，制造商或商家也应当提供多样化的结算选项。在网络环境下，各种结算方式都能为用户提供便利服务。目前，信用卡、货到付款和网上银行等都是常用的结算方式。

4. 物流配送功能

“物流是指计划、执行与控制原材料和最终产品从产地到使用地点的实际流程，并在盈利的基础上满足顾客的需求。”[①] 在传统经济中，物流通常被定义为对有形产品的转移。对于无形的商品，消费者通常只需要在线上进行购买和下载，就能得到他们所需要的产品。因此，物流配送主要针对的是有形产品。配送业务涉及专业配送公司，使得快递行业逐步发展成为一个庞大的产业链。

四、促销策略

促销是指企业将有关本企业及产品的信息传递给消费者，吸引或者说服消费

① 陈拥军，孟晓明．电子商务与网络营销 [M]. 北京：电子工业出版社，2012：34.

者来购买产品，从而达到扩大销售的目的。传统营销一般通过广告、营业推广、公共关系和人员推销等沟通手段进行促销。企业向客户传递和沟通各种信息，共同组成了一个有机整体。在这几种促销方式中，只有人员推销是直接面向客户的，其他促销方式都是间接的。网络营销促销打破了这种格局，极大地缩短了客户与企业之间的距离，使双方在网络平台上直接沟通和交流。

（一）网络促销的特点

1. 网络促销需要网络技术

通过网络进行销售的企业可以在短时间内获得大量客户并使顾客产生购买行为，利用网络技术来传达产品和服务的相关信息。网络促销是指利用现代互联网作为媒介来进行宣传营销活动。网络促销人员要想成为合格的复合型现代营销人员，就必须既掌握传统的营销技巧，又熟悉现代网络应用技术。

2. 网络促销面向全球

传统的区域性市场所面对的只是一个很小的范围，随着互联网虚拟市场的出现，所有的企业都被推向了世界级的市场。企业必须学会在全球统一的大市场中生存。

3. 网络营销离不开网络虚拟市场

网络虚拟市场聚集了世界各国的人，融合了多种文化。因此，网络促销人员为满足虚拟市场多元文化的要求，必须突破原有的文化局限，积极了解并掌握多元文化特点，更好地进行网络促销。

（二）电子商务网络营销的促销策略

1. 网络广告促销

网络广告具有成本低、速度快、覆盖面广、交互性强等特点。网络广告可以在短时间内吸引消费者的注意并使消费者产生兴趣，从而提高消费者购买决策过程中的效率，使消费者得到更好的服务，实现网络广告的预期目的。网络广告促销的形式主要有电子邮件广告、文字链接广告、定向广告等。

2. 网络销售促进

网络销售促进包括网上销售促进活动的组织管理和实施策略、网上销售促进系统的开发设计、网上销售促进信息的收集和整理以及网上销售促进的具体实施。网络销售促进是一种企业为了激发消费者对其产品的购买和消费意愿，通过网络营销平台来实施的销售激励策略。

3. 网络公共关系营销

网络公共关系与传统公共关系功能类似，都是为了使企业的经营管理有良好的环境，而与供应商、客户、雇员、股东等企业利益相关者建立良好的合作关系。但是，网络公共关系借助互联网，以此为媒介和沟通渠道，比传统公共关系更具优势。网络公共关系主要通过在线新闻发布会、栏目赞助、参加或主持在线会议、发送电子推销信及在网络论坛或新闻组发送信息传单等形式建立企业与企业利益关系者的良好合作关系，从而达到传播企业形象和推广企业产品的目的，以建立良好的内、外网络渠道，最终实现产品的销售。

第二节 新媒体营销在电子商务中的实践应用

一、微信营销

（一）微信的概念

微信是一款由腾讯公司于 2011 年 1 月 21 日发布的免费应用软件，旨在为智能终端用户提供即时通信服务。该应用软件支持在不同的通信运营商和操作系统平台上，通过网络迅速发送免费的语音、视频、图片和文字信息。除此之外，用户还可以使用各种服务插件，以共享流媒体内容和位置信息。

（二）微信的营销推广功能

如果说微博侧重于信息的分享，那么微信就侧重于互动。而且，与微博相比，微信推出的服务功能更贴合手机用户的网络信息互动需求，企业使用微信作为营销推广渠道，可以实现以下三种功能：

1. 信息分享推广

微信作为一个推广平台，首先就是要发布企业的信息。企业可以在自己的微信上发布信息，吸引客户阅读或分享企业信息。

2. 即时的文字或语音互动

微信的主要功能是作为一个在线交流工具。企业可以在线回复文字或使用语音与客户进行互动。

3. 商品发布

微信还有一个功能——“微店”，企业可以发布一些商品到自己的微店中，微信用户可以点击企业微店浏览企业的商品和服务信息。

微信作为一种社交软件，越来越多地在企业的营销推广中发挥重要的作用。从以社交功能为主到加入移动商务，微信购物也被大众慢慢接受。

（三）朋友圈营销

微信朋友圈是微信的功能之一。在微信朋友圈里，用户可以看到自己所有微信好友所发布和分享的信息，还可以在好友所发布和分享的信息下面进行评论。微信朋友圈是基于用户微信好友所建立的，形成了一个好友之间信息了解、互动的关系圈。

朋友圈营销是指企业在自己的微信上发布销售信息，该条信息就会出现在企业所有好友的朋友圈中，好友在查看自己的微信朋友圈时就会看到该条销售信息。

（四）微信公众号营销

1. 微信公众号简介

微信公众号是腾讯公司推出的一项微信服务项目，以互动性强、用户基数大的优势迅速成为众多商家宣传品牌、扩大产品销量、提高品牌形象的重要手段之一。微信公众号目前分为三种不同类别：服务号、订阅号和企业号。

（1）服务号

服务号是为企业或组织提供业务服务和客户管理的一种公共号，帮助企业快速实现服务的全新的公共服务号平台。公众平台服务号旨在为用户提供服务。

（2）订阅号

微信订阅号是公众号功能中非常重要的组成部分。订阅号的目的是给媒体和个体提供一种创新的信息传递手段，并在与读者的互动中建立更为高效的沟通和管理模式。

在微信 4.5 版本之前申请的订阅号有一次升级到服务号的机会。但是，订阅号一旦选择升级成服务号，就不能再继续更改。随着时间的推移，腾讯将为服务号开放更多的高级接口，这将帮助企业更有效地利用公众平台为客户提供服务。此外，个人提交的申请仅限于订阅号。

（3）企业号

企业申请时，必须先获得企业认证后才能进入公众平台。公众平台企业号是公众平台上的一种特定账号形式，其主要目的是协助事业单位及非政府组织与其员工、合作伙伴和内部信息技术系统建立紧密的联系。此外，它还有助于简化管理流程，提高信息交流效率，服务和管理好一线员工。

2. 企业的微信公众号营销

企业使用微信公众号作为营销工具时，可以根据自身营销需要，在公众号平台上注册订阅号、服务号或企业号作为自己的微信账号。企业使用微信公众号营销一般有以下五种情况：

（1）作为移动营销平台

通过实施销售导向策略，企业通过微信公众号能够迅速并及时地将产品或服务的相关信息传递给关注了该企业公众号的消费者，从而促进交易的顺利进行，并进一步缩减市场营销的时间周期。通过微信这一平台，消费者不仅有机会接收到品牌的详细信息，还能更加便捷地参与品牌的互动活动，以增强双方的互动性，从而进一步加强品牌的传播效果。这种方式能够最大限度地展示活动促销的效果，并能迅速、有效地将企业的最新促销活动通知给粉丝和用户，从而降低企业的营销成本。这也可以实现社交营销的即时互动，让消费者随时随地了解企业的动态和产品信息，实现 O2O 营销的完整闭环。

（2）消费者调研的平台

企业要想获得更大利润，就必须重视对消费者行为规律和消费心理的研究，了解其消费行为特征和影响因素。产品调研是企业制定经营策略的一个关键环节。在传统的企业产品调研中，有些企业会设立专门的产品研发部门来负责产品调研工作，或者通过第三方公司进行问卷调研或电话调研，但这样的调研方式不仅成本高昂，而且数据还不够精确。微信作为一种社交媒体，能够随时随地获取相关信息。如今，企业可以直接通过微信与客户互动，这不仅允许他们独立沟通，还能节省大量的资金。此外，微信也可作为企业沟通渠道，让员工及时了解企业信息和政策动向。随着移动互联网引领的体验经济时代的到来，用户体验逐渐成为企业核心竞争力的重要组成部分。

（3）客户关系管理（Customer Relationship Management，CRM）

在传统的企业营销模式下，企业往往只注重于产品或服务的宣传推广而忽略了客户关系管理，导致大量的客户流失。客户关系管理系统的核心思想是利用自动化的分析手段来达成市场推广、销售管理和客户服务的目标，这有助于减少营销的总成本、缩减营销的时间周期并增强用户的满意度。微信作为一款即时通信软件，具有强大的信息传递功能、丰富的语音聊天内容等特点，这使其在众多的即时通信平台中脱颖而出。此外，微信还具有强大的数据分析功能，能够根据不同类型的用户群体制定有针对性的个性化服务方案，为客户创造更好的体验。

（4）移动官方网站

在传统的网站上，如果添加企业简介或者产品服务说明，都会导致用户不容易找到对应的企业动态。在移动互联网的时代背景下，用户无须再依赖搜索引擎或输入网站地址来访问企业的官方网站。他们只需记住企业的昵称，并在微信公众号上搜索，就能获取到企业的详细信息或访问企业的官方网站。随着微信用户数量不断增长，用户对电商平台的依赖性也越来越强，这将会推动微信支付和物流服务快速发展。

（5）移动电商渠道

在移动互联网时代，消费者已经习惯通过互联网获取信息，而不是仅仅停留在纸质媒体上面。企业应努力确保消费者能够在任何时间、任何地点购买到所需的产品。微信在作为新媒体平台提供给人们更多便捷服务的同时，也为企业带来了商机和利润空间。例如，用户可以直接在微信平台购买衣服，这极大地增强了用户的购物体验。另外，企业也可以通过微信进行商品推荐和服务推广。因此，微信公众平台有潜力成为企业在移动电商领域的一个重要渠道，能够为用户提供完善的用户体验环节。

3. 微信公众号营销与 App（手机应用软件）营销的对比

微信公众号正逐渐发展成为企业营销推广的一项重要工具。App 客户端也是企业营销推广的另一种重要工具。随着智能手机和 iPad 等移动终端设备的普及，App 客户端逐渐成为人们上网、购物的一种主要方式。目前，国内各大电商均拥有了自己的 App 客户端。那么，接下来我们对这两种营销推广工具进行比较，在比较过程中加深对这两种工具的了解：

（1）营销手段的对比

微信公众号营销和 App 的推广手段、推广方式基本相同，主要包括微博推广、微信朋友圈推广、传统互联网推广、软文推广、地面媒体推广、电视传媒推广、促销活动推广。2012 年，App 客户端在各大媒体出现的频次非常高。2013 年，微信得到普及，微信公众号发布。相较于 App 客户端而言，微信公众号营销属于一个新鲜的营销概念，所以其发展速度较快，企业对其关注度较高。

（2）导入用户对比

①微信导入用户

微信作为一个即时通信工具已被广大用户所接受。很多品牌的手机在出厂前就已经预装了微信客户端，用户扫描二维码与在微信加好友中直接搜索成为主要导入用户的两种方式。

② App 用户导入

用户手机中使用的 App 大多属于原生 App。原生 App 中有一部分是用户在购买手机时手机中自带的，这类 App 产品更多的是针对个人用户。大部分 App 则是需要用户自行下载，下载 App 的主要方式有：扫描二维码、从 App Store 或安卓市场下载、点击 App 的下载链接地址。

在用户导入手段方面，微信会更简单直接一点。微信公众号的用户导入更多的是基于微信的品牌以及微信本身的市场宣传力度；App 应用在导入用户的环节的一大缺点就是用户手机空间问题，如果用户手机桌面的空间已经很有限了，再让用户为单独一个企业的App预留一个位置，其花费的成本就非常高。各大市场更多地以用户的喜好来推荐产品，所以，在本环节，微信导入用户的优势比较明显。

（3）用户使用习惯养成对比

①微信公众号用户

微信作为一个统一的平台，所有的公众号界面基本上是统一的，用户只要会使用微信的基本功能就可以熟练地与公众号进行互动。例如，用户不需要跳出微信，只需要在微信搜索界面搜索企业微信公众号就可以了解企业信息，进入企业网站。

② App客户端用户

App的界面、功能和用户交互相对复杂，每一个App都是一个独立的个体，需要用户前期花费大量的时间学习如何使用App。

微信公众号在培养用户的使用习惯的投入基本为0，App则需要在前期引导用户如何熟练使用App。所以，微信公众号的用户使用习惯养成要优于App。

（4）用户卸载对比

①微信公众号卸载

微信公众号的卸载简单，只需要进入相应账号取消关注即可。

② App卸载

App的卸载，如果用户使用苹果手机，那么直接长按住图标点叉即可卸载，如果用户使用安卓手机，则需要进入相应设备管理器中进行删除，用户也可以在PC端将应用删除。

微信平台化这一概念可以被解释为一个大规模的销售场所，由腾讯公司负责制定其运营规则。在这个生态链的各个环节中，企业可以增加收益，用户也能享受到各种优惠政策；App则像是一个专卖店，规则、平台都由企业设置，企业营销推广的自由度较高。各个企业可以根据自身的需求和条件来选择微信公众平台或App客户端，就目前的移动营销市场来看，其中，大品牌选择App的较多，中小企业在发展前期选择微信公众平台的较多。

对于企业来说，用户是营销推广最重要的因素，企业如果使用微信公众平台，那么就需要依靠微信原有的用户资源来拓展自己的市场，而且还必须遵守腾讯公司制定的平台使用规则，这对企业来说是一大限制，所以，企业对于App的重视程度还是很高。降低App的开发成本、增加App的用户数量、提升App的客户体验感，这几个问题是企业使用App获得成功的关键。

二、微博营销

（一）微博的概念

微博作为一种新媒体形式，是以文字和声音为主的短视频应用，主要用于传播资讯、娱乐消遣、交流情感、获取信息、进行社交等。用户有多种方式发布信息或将图片上传到微博，包括通过网页、手机应用程序、手机短信和彩信。微博是个人或者团体利用互联网技术把自己想说的话记录下来并传播出去，从而实现交流互动和资源共享的一种新型社交媒体。随着技术发展和应用范围的扩大，微博已经成为一种新媒体形态。

目前，国内主流的微博平台包括新浪微博和腾讯微博，其中，新浪微博的用户群体最为庞大。2014年3月27日，新浪微博宣布更名为“微博”。微博作为一种新媒体形式已经被越来越多的人接受并使用，它具有信息传播迅速、内容丰富等特点。

（二）微博的营销功能

1. 新品发布

企业在新产品上市之前可以在企业微博上发布新品预告，吸引微博好友点击查看，提高企业新品知名度，为企业新品上市进行预热。在企业新品上市时，企业微博可以同步发布新品的销售情况。企业的这种宣传方式，可以扩大产品的知名度，提高微博网友的关注度，为企业新品的销售打下基础。

2. 促销

企业在做产品促销活动时，可以在企业微博上发布产品促销广告和商品链接。企业微博好友在查看微博信息时，就会看到企业发布的促销广告。这种营销方式可以让更多的人知道企业的促销活动，扩大活动的覆盖人群，从而吸引更多的潜在客户。

3. 客户关系管理

企业开通微博除了可以进行产品营销外，还可以管理客户关系。企业可以通过自己的微博账号，添加企业客户的微博为好友，通过评论和私信与客户进行交流和互动，这也是企业维护客户关系的一种方式。

4. 时间营销

在不同的时间点，微博用户的阅读偏好也不相同。企业要想使自己所发布的微博信息获得较高的阅读量，就需要了解微博客户的阅读时间习惯和阅读内容习惯。

阅读时间习惯，是指客户一般都喜欢在什么时间查看微博信息。据统计，每天的 22:00～24:00 是用户微博浏览最活跃的时间。企业知道用户的活跃时间很重要，但是，也要知道在什么时间发布什么样的内容会引起企业微博好友注意。例如，上午 8:00～9:00 发一些字数较多的内容会容易被阅读，而在晚上下班时间再发满满的文字会导致阅读量减少。这是因为这个时候很多人劳累了一天，不想再去阅读过多的文字了。

5. 精确营销

企业微博营销的最终目标是销售产品或服务，微博营销的基础是粉丝。企业需要的是有可能成为企业目标客户的那些有效粉丝，要想有较高的转化率，就要学会实现精准营销。

企业微博可以通过以下三点来进行精确营销：

（1）寻找目标用户

①通过客户标签查找目标客户

微博用户一般都是根据自己的喜好和特点来贴标签，这些标签代表微博用户的特点。企业要根据自身产品的特点查找有这些标签的用户，再去关注他们。

②通过微博话题查找目标客户

微博上的话题是通过“# 话题名称 #”来实现的，所以，企业可以通过微博搜索直接找到参与某个话题讨论的人群。例如，运动产品销售企业就可以寻找

“#NBA#”“# 足球 #”这些话题，这些话题的参与用户都是企业的潜在客户。

③利用微吧寻找目标客户

微吧是一群具有共同的特点或共同的爱好的微博用户，聚集在一起组成的互动交流群。例如，卖茶叶的企业就可以搜索与饮茶有关的微吧，关注这些微吧，这些微吧里面的用户都是企业的潜在用户。

（2）让潜在用户成为企业的粉丝

在找到企业的目标客户后，企业就需要让这些用户去关注自己，成为企业微博的粉丝，这时就可以点击“求关注”或者发送私信让这些目标客户也关注企业微博。

（3）做好微博内容，实现成功营销

在获得了大量的粉丝后，企业就该想办法把这些粉丝变为企业的客户，向他们宣传企业的品牌。企业在用微博发布营销信息的时候要注意技巧，要在广告中巧妙地融入一些有价值的内容，这样不会引起粉丝的反感。企业还可以定期策划一些有奖活动来提高微博的人气，并且，奖品要吸引粉丝，能充分调动粉丝的积极性。在活动的过程中，企业要积极与粉丝之间互动，增加粉丝对企业的好感，提高粉丝的黏性。只要充分利用好这些粉丝，就可以将营销的效果最大化。

6. 口碑营销

微博的主要功能之一就是分享即转载功能，微博用户可以分享其他人发布的微博。对于同一条微博，第一个人转载，如果这个人有 100 个好友，那么这 100 个人都可以看到该微博；第二个人转载，如果这个人有 300 个好友，那么这 300 个人都可以看到该微博，所以，微博的曝光度是随着转载的人数呈几何指数增长的。

企业使用微博作为口碑营销的工具，就需要使自己的微博内容具有吸引力，这样才可以促使用户分享。一般企业微博推广营销活动有两种形式：第一种是吸引新粉丝的活动，形式一般是有奖转发、砸金蛋、大转盘等；第二种是互动性非常强的活动，如一些征集类型的活动。

7. 危机公关

第一，企业要迅速占据社交媒体的有利位置，为危机建立坚固的防护屏障。危机公关的首要任务是构建一个危机公关机制，从预防和处理危机，到从危机中的恢复，都需要一个完整的体系、流程和制度作为支撑。然后，危机公关要利用好新技术平台，加强与受众互动，提高信息透明度。

第二，企业必须确保有效地进行舆情监测，以便在最短的时间内识别出危机的根源，掌握危机的发展趋势，并对热点事件进行鉴别。

第三，企业要加强对移动互联网终端定位技术应用研究，积极地、有系统地、全方位地传播信息，主动地履行社会职责，从而在不知不觉中塑造积极的社会形象。

三、LBS 营销

（一）LBS 的概念

LBS 的全称是“Location Based Service”，也就是基于位置的服务。LBS 可以单独通过移动基站、Wi-Fi（行动热点）或全球定位系统（GPS）来获取方位，还可以通过这些方式的组合来获取位置，是在地图平台的支持下，为用户提供相应服务的一种增值业务。通俗地讲，就是无论走到哪个地方，人们都可以利用 LBS 有效地获得周边的各类服务信息。不管是生活、工作还是出行，一切信息尽被 LBS 囊括。

（二）LBS 对定位的要求

LBS 对定位的要求：一是精准度要高，二是覆盖范围要广。

移动设备的定位应根据用户的不同服务需求提供相应的精度服务，并赋予用户选择精度的权限。因此，要想获得较高的覆盖率，就必须提高定位精度。

LBS 的定位功能需要覆盖足够广泛的区域，包括室内环境。因此，当用户在室内使用这一定位工具时，必须保证该功能能够覆盖到每一个角落。由于室内分布有许多不可见设备，要想实现高精度的定位导航，就需要考虑如何提高定位精度、降低系统成本等问题。基于覆盖范围的不同，通常可以将定位服务分为三大类：漫游网络服务、完整本地网络服务和部分本地网络服务。目前，国内运营商提供了多种实现方式，但不同类型的业务对覆盖率有不同的要求。

（三）LBS 主要模式

1. 休闲娱乐的签到模式

地理位置签到是指可以将地理位置信息同时签到到多个地理位置服务的网站。签到是基于用户的心理满足感和成就感发展起来的，一旦用户对这种感觉失去了兴趣或觉得很麻烦，那 LBS 签到价值就会大打折扣了。

2. 生活服务与分享模式

生活服务类的网站有很多，很多用户一般都有自己偏爱的几个应用网站。例如，很多人在出门购物、就餐时，都会打开随身携带的移动终端查看别人分享的附近的评价较高的餐馆和有优惠活动的商场等。LBS 生活服务与分享模式还提供就近的停车位和公共洗手间等这类的实用信息。

3. 即时推送模式

即时推进模式（Push）是指将经过整理的信息资源通过服务器定向将信息实时送达移动终端的服务。这种通过检测用户位置向用户主动发送即时推送（Push）信息的方式主要依靠某一客户端，该客户端会根据用户的地理位置，给用户推送附近的优惠券信息。

四、App 品牌营销

（一）App 的概念

App 指的是智能手机的第三方应用程序，是英文 Application 的简称。目前，经常使用的手机里的各种 App 有微信、淘宝、支付宝等。

随着移动互联网技术的快速发展，众多的互联网公司和电子商务平台开始将 App 视为其主要的销售平台之一。App 为手机电商带来的流量远超于传统的 PC 端互联网流量。更为关键的是，手机移动终端的便利性为企业吸引了更多的用户。一些用户体验良好的 App 极大地提高了用户的忠诚度和活跃度，这对企业的收入增长和未来发展具有决定性的影响。

（二）App 营销的概念

App 营销，也被称为应用程序营销，指的是通过在手机软件、SNS 和社区等特定平台上运行的应用程序来进行的一系列营销活动的统称。其核心是将用户作为最重要的价值资源和利润来源，并以用户为中心。App 通过整合各类信息资源实现增值服务的一种新型的营销模式。App 营销是 WAP 营销（移动互联网营销）发展到某一阶段后的结果，这两种营销方式都是基于企业对移动营销的高度重视，而 App 营销正是在 App 营销的基础上，开创了移动营销的新时代。

（三）App 品牌营销的概念

使消费者对品牌或产品有更深入的认识，并构建品牌与消费者之间的情感联系，构成了企业 App 营销策略的关键环节。现在，营销活动越来越依赖消费者的情感和信任。因此，利用品牌 App 传达品牌的核心理念，加强品牌形象，建立良好的品牌口碑，提高品牌和产品的认知度，并构建品牌与消费者之间的沟通桥梁，无疑是企业营销人员的明智选择。

此外，为了给消费者创造更多的价值、增强品牌的吸引力并建立良好的品牌声誉，企业可以推出专为消费者设计的 App 来提供主动和便捷的服务。通过 App，用户不仅可以实现特定的功能和支持，还可以将品牌或产品的元素与推广品牌和产品紧密结合。这样，品牌 App 就能成为消费者接触品牌和产品的首选平台，并与品牌的其他销售渠道紧密结合，从而有效地实现产品销售的目标。

（四）App 营销的线上推广渠道

1. 基础上线渠道

各大下载市场、应用商店、大平台、下载站的覆盖安卓版本的发布渠道：推广的第一步是要上线，这是最基础的。

2. 运营商渠道推广

中国移动、中国电信和中国联通拥有庞大的用户基础，有能力将产品预先安装到运营商的商店中，利用第三方所不具备的优势，如果产品质量上乘，还能获得相应的补贴和支持。另外，运营商需要根据自身情况制订营销计划并实施。市场部门需要设立专门的渠道专员来负责与运营商进行沟通合作，并制定方案进行项目的跟踪。第三方商店的发展也需要一个过程。

3. 第三方商店

由于早期进入并积累了大量用户，第三方商店已经成为众多 App 流量的主要入口，全国范围内有近百家这样的第三方应用商店。渠道专员在与应用商店接触之前，需要对自己所服务的厂商作深入了解，包括品牌、功能、价格等。渠道专员需要准备大量的素材和测试，以便与应用市场进行对接。在各种应用市场中，规则各不相同，因此，与应用市场的负责人进行有效沟通并积累相关经验和技巧变得尤为关键。企业要根据自身实际情况选择合适的推广方式。当资金充裕时，企业可以提供一些广告位置和推荐服务。对于小企业来说，如果想通过广告获得更高的收益，就必须做好销售工作。

4. 手机厂商商店

许多大型制造商都在自家品牌的手机上设立了预装商店。为了与手机制造商的商店建立联系，渠道部门需要更多的运营专员。在推广中，运营专员需要有大量的客户群体和良好的沟通能力。

5. 社交平台推广

当前流行的智能手机社交平台具有明确的潜在用户群体，并能迅速地进行产品推广。这种类型的推广主要是通过合作分成的方式进行的，而合作的方式也是多种多样的。

第三节　内容营销与电子商务

一、软文营销

软文泛指所有含有软性宣传的文字内容，是针对特定产品的概念诉求和问题分析，对消费者进行针对性心理引导的一种文字模式。软文营销是指通过发布大量软文并广泛传播，使消费者认同企业设定的某种概念和观点，从而达到企业品牌宣传、促进销售的目的。下面介绍软文营销的攻略、分类和写作技巧：

（一）软文营销的攻略

软文在本质上仍属于广告，以受众的兴趣和利益为着力点，客观宣传产品卖点，使受众产生信任，并产生购买行为。通常软文营销的攻略包括以下几方面：

1. 新闻攻略

人们有渴望了解新事物、求知欲强烈的特点，新闻一直是大众关注的焦点，并且被大众认为是真实、可靠的，所以，企业需要经常通过新闻媒体发布新闻类的软文。

2. 概念攻略

通过提出新概念进行软文推广的前提是这个概念一定要让受众耳目一新，产生猎奇心理，只有这样才能起到事半功倍的效果。

3. 经验攻略

百度经验和百度知道等问答交流平台被大众所熟知。每当用户产生疑惑的时候，常常通过这些平台寻求指导。因此，企业经常在这些问答平台进行经验分享，可以提高用户的信任度。

4. 话题攻略

话题可以充分引发大众的自发谈论和传播，常用的话题制造方式有两种：一是捕捉热点事件制造话题，二是针对用户的喜好和需求制造话题。但是，要注意的是，话题要塑造积极、正面的影响。

（二）软文的分类

根据传播渠道和受众的不同，软文一般可以分为新闻类软文、行业类软文和用户类软文三大类。

1. 新闻类软文

新闻类软文主要以新闻报道为主，当企业有重大事件、企业活动、新产品发布等动态时，可以通过新闻通稿、新闻报道、媒体访谈等形式进行预热或曝光。

2. 行业类软文

行业类软文，是指面对行业人群的软文，此类文章通常是为了扩大行业影响力，奠定行业品牌基础。一家企业的行业地位可能会影响最终用户的选择。行业类软文通常包括经验分享、观点交流、权威资料和第三方评论等。

3. 用户类软文

用户类软文面向的是最终用户，目的是提升产品在用户心中的知名度，赢得用户的好感，最终产生消费行为。这类软文包括知识型、娱乐型、争议型、爆料型、悬念型、故事型等，不管哪一种类型的文章，都需要以用户需求为主，得到用户的认同。

（三）软文写作技巧

通常影响软文营销效果的因素包括标题、排版、技巧植入和推广平台。

1. 标题

软文标题需要足够吸引用户眼球，使读者看到标题后，产生点击阅读的欲望。下面介绍几个经典的标题写作技巧：

（1）以利诱人

标题直接告诉读者：他能获得什么样的利益。

（2）以新馋人

人们都对新鲜事物有着猎奇心理，所以，制造新闻或新鲜的话题，可以引发用户的点击和转载。

（3）以情动人

打情感牌，抓住亲情、友情、爱情，用心构思标题。

（4）以事感人

我们身边总是有一些会讲故事的人，他们总是能触动人们的情感，引起共鸣，如《那些年，我走过的弯路》（招商软文标题）。

（5）以悬引人

制造有悬念的标题，可以使读者带着惊讶、猜想的心理阅读文章。

（6）以秘诱人

人们不仅爱猎奇，还喜欢探索真相，此类标题可以诱导读者点击文章进行揭秘。

（7）以险吓人

这类软文通过恐吓的手法吸引读者对软文的关注，通常是陈述某一事实，而这个事实能让读者意识到他之前的认识是错误的，或者产生一种危机感。

2. 排版

排版的作用非常重要，如果一篇文章标点错误、段落不清晰、颜色混乱，那么就算文章的内容再精彩，也很难引起读者兴趣。因此，我们在编辑完一篇文章后一定要仔细检查，也可以借助排版工具，使文章版面更加美观。

3. 技巧植入

在公众号文章中植入广告是商业变现的一种方式，但要注意不能引起用户反感。软文要围绕有意义的话题，蜻蜓点水式地植入广告，使读者在阅读时感觉这个广告植入得毫无违和感。

4. 推广平台

软文创作的目的是让更多的读者观看和转发，这就需要选择合适的软文推广平台。

（1）选择用户规模比较大的网站

这是因为文章发布在这些网站，容易使其他网站媒体主动转载，增加传播机会和曝光率。综合型的平台包括新浪、网易、腾讯等，也可以根据不同行业内容选择相应的主流行业网站。

（2）广为发布

除了通过主流推广平台进行软文推广之外，企业还需要尽可能地增加推广平台，增加曝光率，如微博、微信、论坛等。

软文营销并没有捷径可走，只要多写、多练、多实践、抓住用户心理、尝试各种类型的软文、多增加曝光平台，做到持之以恒，就一定能增强营销效果。

二、视频营销

视频营销主要依赖于视频网站，以创意为核心，以内容为中心，通过精心策划的视频内容来实现产品营销和品牌传播的目标。在新媒体时代下，视频营销已经成为一种重要的网络营销手段。它不仅继承了电视短片的强烈感染力、多种形式和创新思维，还拥有互联网营销的高度互动性、快速的传播能力和经济的成本优势。常见的视频形式包括电视广告、网络视频、宣传片、微电影等。视频营销归根到底是以营销为目的，因此，优秀的视频营销不仅要有专业的视频制作技能，更要突出营销内容的亮点。以下介绍常见的视频营销模式和视频的制作：

（一）常见的视频营销模式

常见的视频营销模式包括企业自拍视频、自媒体视频、热门事件、网络直播等。

1. 企业自拍视频模式

企业自拍视频是宣传品牌、提升企业形象和信誉度的最佳方法。相比枯燥的文字，用户更喜欢视频类的影音文件，精彩的视频可以抓住用户眼球，并潜移默化地影响用户。企业可以寻找专业人员拍摄和制作视频，也可以自行拍摄，目前网络流行的视频拍摄软件都可以进行简单编辑。

2. 自媒体视频模式

自媒体视频的显著特点是内容为王。自媒体时代的用户需求更加多样，可谓众口难调，只有从当下的热门话题、时事热点入手，才能锁住用户眼球。

3. 热门事件模式

利用热门的新闻、电影、电视剧作为视频主体，可以在短时间内快速获得巨大流量。但是，这种模式所吸引的用户流量不持续，关注度随着热门事件的消退而减弱；流量不精准，后期用户转化困难。

4. 网络直播模式

网络直播是网络营销形式上的重要创新，也是非常能体现互联网视频特色的模块。随着抖音、快手等网络直播平台的兴起，很多企业纷纷开始利用直播平台宣传产品

（二）视频的制作

通常影响视频营销效果的因素包括视频内容、视频标题和推广平台。

1. 视频内容

视频内容根据企业或个人的推广需求而定，制作方法通常分为原创和伪原创两种。

（1）原创视频

原创视频的制作流程比较复杂，包括前期策划、拍摄、录制到后期的剪辑，如果企业推广预算充足，则可以寻找专业的视频制作公司为其策划制作。另外，大部分直播类的视频属于原创视频，其现场直播不需要后期的剪辑和美化，但是，对前期的准备工作提出了更高的要求，包括策划内容、准备道具、彩排等。

（2）伪原创视频

伪原创视频的流程相对比较简单，可通过如腾讯视频、爱奇艺视频、优酷等视频平台寻找公开性的视频素材，但是，需要避免侵权行为；然后，根据素材内容使用爱剪辑、绘声绘影等视频剪辑软件进行创意制作，剪辑合成独具风格的短视频。

2. 视频标题

视频标题的编辑是视频营销的重中之重。标题包含热门关键词能够提高搜索展现率，决定了视频的曝光量和观看次数。

3. 推广平台

当视频制作完成后，选择合适的推广平台可以提高视频资源的营销效果。在选择视频网站进行发布推广时，如果预算充足，则尽可能地实现全网覆盖，这样能传播给更多的人群。如果预算有限，且视频内容具有针对性时，也可以有方向地挑选个别视频平台进行投放。

虽然视频网站面临着同质化严重的问题，但是，其平台特征还是有差异的，如腾讯、优酷、爱奇艺属于综合用户群体庞大的视频网站，哔哩哔哩网则更年轻化和娱乐化，属于年轻人聚集的平台，另外，快手、美拍、秒拍、抖音则更适合投放短视频。因此，企业需要根据自身市场定位和目标用户特征，挑选出匹配的视频推广平台进行优先投放，然后观察传播效果并及时作出调整，这样才能保证视频推广的连贯性和热度的持久性。

第五章　电子商务支付

本章主要介绍了电子商务支付的相关内容，支付技术的发展是电子商务发展的重要基础，支付流程是电子商务不可缺少的环节。本章主要从移动支付概述、支付与支付系统的演进、电子支付系统及工具、网上银行的功能与主要业务四个方面进行介绍。

第一节　移动支付的概述

一、移动支付的概念

随着支付技术的发展，支付方式发生了巨大的变化。支付方式最早是物物交换和现金交易，在银行和金融体系出现后，银行卡支付、支票支付逐渐占据了主流。随着互联网和电子商务的发展，互联网支付快速发展。随着移动互联网和智能手机的发展，移动支付开始出现，从短信支付、二维码支付、NFC（Near Field Communication）支付到可穿戴设备支付，以及正在发展的指纹支付、刷脸支付等生物识别技术，移动支付技术和商业模式不断创新，并迅速得到应用，移动支付的应用场景也越来越丰富。

按照国内外相关组织的定义，移动支付（Mobile Payment）是指将移动终端设备作为媒介，在移动通信网络上进行商业交易，并以货物或服务交换为目的的支付方式。该定义最初由 2002 年移动支付论坛提出，并已被各行各业广泛接受。另外，移动支付也被称为手机支付。移动支付将设备、网络、应用提供商和金融机构紧密整合，能够提供便利的货币支付和缴纳费用等金融服务。移动支付使用的移动终端可以是手机、掌上电脑（PDA）、移动 PC 和可穿戴设备等。

广义的移动支付是指借助移动终端，包括手机、掌上电脑、智能手机、平板电脑和可穿戴设备等在内的移动工具，通过移动通信网络，实现资金由支付方转移到受付方的一种支付方式。狭义的移动支付是指基于无线通信技术，通过移动电话终端实现的非语音方式的货币资金的转账和支付。

与移动支付相关的概念包括手机支付、手机钱包和手机银行等。

手机支付是指通过手机进行的支付，既包括类似于手机银行这种支付双方互不见面的手机远程支付，也包括支付双方面对面的手机现场支付。

手机钱包是手机与电子钱包的结合。手机既可以通过与智能充值卡的物理融合成为电子钱包，也可以作为移动终端通过使用电子钱包软件成为手机钱包。电子钱包包括智能储值卡式电子钱包和纯软件式电子钱包。储值卡式电子钱包通过在手机终端内置 NFC 芯片，植入用户信息、账户信息或银行卡号等信息，将充值卡或银行卡功能集成到手机卡中，以手机作为充值卡的载体，通过刷手机完成支付。纯软件式电子钱包主要是指支付运营商提供的各种手机钱包软件，支付宝钱包、百度钱包、中国移动和包等属于软件式手机钱包。

手机银行是指传统银行的移动端平台，除了账户管理、转账汇款、交易明细查询等传统业务外，还提供网点查询、移动支付、投资理财、网上充值、生活服务和无卡取现等功能。

二、移动支付的分类

移动支付的方便性主要表现在以下几个方面：首先，在完成交易时，移动支付可以忽略地点、距离、网点和时间等因素，即这些因素都不会对交易造成影响。其次，移动支付能够提高交易效率，使商家和消费者都受益匪浅，能够给商家和消费者带来非常方便的体验。移动支付具有二十多年的发展历史，早期移动支付的主要形式是短信支付，消费者可以通过发送彩信服务，对音乐、手机铃声、壁纸图片进行购买。再次，消费者在电商网站结账时，在选择以移动账单进行付款时，可以通过账户密码和短信一次性密码进行支付。最后，用户在网页上登录银行网站或下载银行 App 进行支付，这些都可以算作移动支付。现在，人们所熟悉的移动支付主要是由二维码支付和各种智能手机相关的 NFC 支付。同时，通过与生物识别技术的深度融合，指纹支付、刷脸支付等新型技术产生了。移动支付方式的多样化为用户提供了更加便捷和安全的支付服务。移动支付的分类方式多种多样，下面介绍一些常用的分类方式：

（一）按照支付的交互流程分类

按照支付的交互流程，移动支付可以分为远程支付和近场支付。

1. 远程支付

远程支付是一种通过与后台支付系统进行连接，采用移动网络、短信、移动通信网络等方式，来完成转账、购买等行为的支付方式。远程支付技术方案主要包括短信支付、移动互联网支付和基于智能卡的远程支付。扫码支付、移动网关支付都属于远程支付。

扫码支付，是指通过扫描条形码或二维码读取支付地址，调用手机钱包软件完成支付和资金的转移。商家可把账号、商品价格等交易信息汇编成一个二维码或条形码，并将二维码或条形码印刷在各种报纸、杂志、广告、图书等载体上发布。用户通过手机客户端扫码，便可实现与商家支付宝账户的支付结算。

移动网关支付，是指利用手机把支付指令通过互联网传送到第三方支付公司或银行的支付网关，由后台系统完成后续支付处理。

2. 近场支付

近场支付是指通过移动终端上的近距离无线通信技术，实现在本地范围内进行货币资金转移的交易行为。消费者在购买商品或服务时，可即时通过手机向商家进行支付。支付的处理在现场，通常在线下进行，不需要使用移动网络，而是使用手机射频（NFC）、红外和蓝牙等通道，实现与自动售货机、POS 机的本地通信。

目前，主流的近场支付方式主要为 NFC 支付和 HCE（Host Card Emulation）云闪付。

NFC 支付，是指通过在智能手机或可穿戴设备等移动终端中内置 NFC 模块，与支持 NFC 的收单终端进行近距离信息交互，完成各种支付业务。

HCE 云闪付，是指采用主卡模拟技术，不需要在手机上增添硬件设备，只需打开手机的 NFC 功能，在受理终端挥手机完成即可支付。目前，HCE 云闪付只支持安卓平台。

随着移动支付技术的多样化，近场支付和远程支付呈现出了逐渐融合的趋势，如扫码支付本质属于远程支付，但是，线下应用场景的拓展使移动支付以近场支付的方式呈现，而 HCE 云闪付等采用近距离通信技术，属于近场支付，但仍然需要在云端存储卡片信息。

（二）按照支付账户的性质分类

按照支付账户的性质，消费者可以通过多种方式进行支付，如使用银行卡、第三方支付账户、通信代收费账户等。

银行卡支付是指用户通过借记卡或贷记卡账户完成支付，如通过手机银行、银联进行支付都是常见的银行卡支付形式。

第三方账户支付是指银行或金融机构的支付结算系统，为用户提供转移资金和进行支付结算等服务，从而帮助用户完成支付的方式。

第三方支付机构的职责在于为交易双方提供支付渠道和服务，可以将第三方支付机构视作“中间商”。第三方支付平台可以协调资金转账结算，以完成支付结算任务。第三方支付账户涵盖多种支付方式，如支付宝、百度钱包、微信支付等。

小额支付账户，由移动运营商提供。使用该账户，用户可在网上商家处购买各类虚拟商品，如电子图书、音乐、影片、软件和游戏等。在购买过程中，用户需要在后台进行验证，所采取的方式通常是通过手机发送短信，购买金额会计入用户的通信费账单中。在月底，运营商会把这些账单汇总起来并进行一次性收费。

（三）按照支付金额分类

根据交易金额的大小，可以将移动支付分为两种：微支付和宏支付。

按照移动支付论坛的相关说法，微支付是一种付款方式，能够为购买移动内容服务提供便捷的支付途径，如下载游戏、视频等。

宏支付是指在人们进行网购或近距离付款的相关高额支付活动时所采用的支付方式。

相比微支付，宏支付对安全性的要求更高。确保宏支付交易鉴权的必要条件是需要有金融机构参与，而仅利用移动网络内置的 SIM 卡鉴权机制，就可以有效发挥微支付的作用。

（四）按照支付的结算模式分类

我们可以根据支付方式的结算模式，对移动支付进行区分，包括即时支付、担保支付。

即时支付是指买家完成支付后，支付服务提供商立即将资金从买家账户转移至卖家账户，确保交易迅速完成。即时支付一般被应用于需要先支付款项再发货的商业情景（如在商场进行购物），或是信誉良好的 B2C 和 B2B 电子商务领域。

担保支付是一种常见的支付方式，指的是在买家支付货款后，支付服务提供商并不立即将款项转给卖家，而是先将其冻结，在卖家确认发货、买家确认收货后再放款。担保支付可以增加买家和卖家的交易信任度，确保交易的安全和可靠。除了负责资金转移，支付服务提供商还需要提供信用保障，来应对交易参与方互相不信任的问题。在信用评级不高的 C2C 交易和信用等级有限的 B2C 交易中，担保支付业务可以发挥极为关键的作用，这为电子商务的发展打下了坚实的基础。

三、移动支付的基本要素

移动支付本质上是一种支付服务方式，其基本原理是将资金从买家账户划拨到卖家账户，以实现买家对服务或商品的购买行为，这种服务方式需要通过合适的渠道来实现。移动支付涵盖四个方面的要素，分别是买卖双方的资金支付账户、资金安全、支付通道和支付应用，这四个方面的要素能够发挥基础性作用。

（一）支付账户

在支付业务中，支付的本质是资金从一个账户转移到另一个账户。因此，可以说，支付账户是支付业务的核心，涉及资金的来源和去向。通常情况下，支付账户包括五种类型：第一类，银行账户；第二类，第三方支付账户；第三类，积分账户；第四类，离线钱包账户；第五类，运营商的通信账户。

1. 银行账户

银行账户包括借记卡、信用卡、存折等账户，拥有庞大的资金，是支付业务最重要的资金来源，任何做支付业务的服务商都难以绕开银行账户。

2. 第三方支付账户

第三方支付账户是指支付服务提供商为摆脱银行账户资金调度灵活性方面的制约，建立自己的电子货币账户体系（如支付宝等）。这类电子货币账户上的资金一般与人民币等值，具有全业务的支付能力，由于支付服务商可完全掌控自建的电子货币账户上的资金，有利于建立便捷的支付业务模式。资金可通过银行转账到电子货币账户，有的电子货币账户甚至可以再转回银行，本质上已类似银行账户。为了加强对资金的管理，有效地控制和监督资金的运行，第三方支付机构需要在银行建立存管账户，分为存款账户和支出账户，其中，收到客户的充值资金全额存入存管账户的存款账户，存款账户不能直接对外支付，只能向支出账户划款。支出账户只能根据第三方支付机构与特约商户的协议，向特约商户账户结算；第三方支付机构根据协议向商户收取应得的手续费。

第三方支付账户具备一定的特征，与银行账户有所不同。支付机构最初设立第三方支付账户的初衷是让消费者更便捷地进行在线支付，并解决电子商务交易中双方互相不信任的问题，这一点与银行账户存在着明显差异：首先，客户可以通过支付机构提供的支付账户服务来处理电子商务交易的收付款结算，这是第三方支付账户的主要用途。客户可以向银行和其他业内金融机构申请开设银行账户，客户可以通过这些账户进行支付和结算，同时，也能够对账户进行保值和增值。在支付账户中，余额实际上类似于预付费卡内的余额。其次，这些余额属于客户本人，但却未以客户本人名义存放在银行，而是由支付机构持有并以其名义存放在银行。

3. 积分账户

运营商或各服务提供商（如航空公司、连锁超市等）为购买其商品和服务的用户赠送积分，拥有积分的用户同时拥有运营商或服务提供商的某种权益，如可获取某些类型的商品、换取礼品、到联盟商家购物时抵扣一定的金额等。因此，积分从某种意义上来讲也可当成一种支付账户。积分的特点是不能直接当现金使用，只能在特定的应用范围内使用，通常需要配合适当的营销策略。

4. 离线钱包账户

离线钱包账户不能实时与后台账务系统互动，而是一种电子货币，能够直接将记录存储在某种载体上（如集成射频识别芯片的手机或其他移动设备）。这种账户的特点是能够充分发挥庞大的移动终端用户群体和移动终端随身携带的优势，迅速扩大支付用户群体的规模。通过该类账户进行支付的方式适用于小额、近距离支付场景，如公交、商店、电影票和彩票等业务。在支付过程中，用户无须与后台系统进行实时交互。

5. 运营商的通信账户（如固定电话、手机、宽带上网账户等）

通信账户代收费是电信运营商特有的电子支付模式，可以利用其庞大的用户基础和已有的缴费渠道，为其他支付应用提供代收费服务，并从中收取一定的报酬。

（二）支付渠道

支付渠道指发送和接收支付指令的场所和方式，是开展移动支付业务的基础。支付渠道有以下五类：

1. 互联网支付渠道

互联网支付渠道是指使用互联网的方式操作支付账户，为特定的业务完成支付，多服务于互联网购买类业务，是目前支付渠道的主流。

2. 移动终端支付渠道

用户使用手机终端，通过移动网络、WAP、短信等方式操作支付账户，为特定业务完成支付。

3. 固定终端支付渠道

这种支付方式适用于已生成账单（如公共事业费用）或需要向特定账户充值（如各种账户充值服务）的业务。用户可使用固定的支付终端通过刷卡的方式认证支付账户。固定终端支付渠道的服务对象多为拥有大量用户基础的行业。

4. 声讯支付渠道

针对支付账户，用户可以通过按键或根据语音提示的方式，运用声讯电话实现特定业务的支付。

5.RFID 和 NFC 支付渠道

近距离射频技术可以帮助用户通过卡片或 NFC 手机等设备与特定的机器进行交互，进而帮助用户方便、快捷地实现支付，公交一卡通就是典型案例。

（三）支付安全

在移动支付业务中，为确保资金安全，我们必须为用户和商家间资金的顺畅转移提供安全保障。随着移动支付场景的不断丰富，移动支付的安全问题也逐渐凸显。目前，移动支付主要面临用户隐私泄露、支付应用欺诈、恶意病毒侵袭等风险。

由于手机密码网页缓存、后台网页自动截屏等动作不易察觉，用户个人信息容易被窃取和篡改，进而造成骚扰电话、垃圾短信等信息安全问题。

手机应用参差不齐，用户下载山寨 App 后，其金融账号、密码容易被窃取。此外，目前有很多免费的 Wi-Fi，一旦用户连接上黑客设置的 Wi-Fi，手机传输信息就可能被窃取，用户将面临被欺诈的风险。

用户手机上无意中下载的某些恶意 App 会利用客户端的漏洞，通过病毒密码或者发送短信、推送广告等恶意代码，造成用户财产损失。

常用的支付安全手段主要有：支付密码、数字证书、终端认证（如 USB-Key、实体卡、手机终端）等。

（四）支付应用

服务于特定的支付应用以获取收益是开展移动支付业务的目标，移动支付业务提供的资金转移一定是为某项商业活动服务的。移动支付服务必须建立支付业务管理平台，实现与商户（卖家）系统的交互，协助商户完成交易，并提供对账、结算等服务。根据支付应用的不同，移动支付服务提供的形式和模式都不尽相同。

支付应用的场景包括线上和线下两种。线上应用主要是为网上购物和服务提供非现金的电子支付方式，将资金从买家的账户划拨到卖家的账户，线上应用种类繁多，如网上购买商品、话费缴纳、电影票预定、信用卡还款、支付打车费等。线下应用主要是指为实体店购物和线下的各种服务提供非现金的支付方式，支付宝和微信应用的普及使得目前接受线下移动支付的门店日益增多。

四、移动支付的特点及常见方式

（一）移动支付的特点

1. 账户管理的方便性

移动支付在账户管理上展现出来的方便性，能够彰显移动支付与传统银行卡支付的不同之处。利用手机网页或 App，用户能够随时登录移动支付的账户，并能够轻松查询交易记录和账户余额，也可以实时地进行转账和修改密码，还可以对账户进行管理。

2. 交易方便、成本低

用户可以通过手机对账户进行充值，减少了去营业厅或充值点充值的麻烦，交易时间成本低，减少了往返银行的交通时间和支付处理时间。

3. 资金账户的安全性

电子支付的安全性一直是用户最关注的方面，在隐私安全方面，移动终端用户远高于 PC（personal computer）用户。在电商行业，移动支付至关重要，因为它与客户和运营商的资金安全有着极为密切的关联。所以，在移动互联网终端进行数据共享时，我们必须对用户的合法性进行认证，并为信息的安全性提供保障。移动终端的隐私性保障了支付安全。

4. 可移动性

智能手机功能的完善使用户对手机的依赖程度逐渐加深，用户几乎把手机一直带在身边，他们使用手机的时间已经超过使用个人电脑的时间。只要开通移动支付功能，用户就可以轻松地完成整个结算和支付流程，且无须去特定地点，用户在任何地点都可以完成支付。

5. 服务的综合性

使用移动支付，用户可以轻松地在手机上进行商务层面的远程支付，也可以十分便捷地支付小额的交通、餐饮等费用，同时还可以享受门禁、考勤等综合性服务。

（二）移动支付的常见方式

随着移动支付的不断普及和社会需求的增加，市场中涌现了多种移动支付技术，包括 NFC 技术、二维码技术、密码、手机刷卡器、指纹、光子、声波、语音、虹膜和刷脸等多种移动支付方式，移动支付方式十分丰富。

1. 二维码支付

二维码支付是一种通过扫描二维码实现资金转移的支付方式，买家和卖家可以直接在各自的账户中完成交易。由于支付宝和微信支付两大巨头的大力推广，二维码支付比其他任何一种移动支付方式的普及范围都要广。

二维码支付有很多优点，如效率高、便捷、成本低、适用范围广泛等，还省去了消费者和商家安装终端所产生的费用和刷卡手续费，有着广阔的市场前景。

2.NFC 支付

NFC 支付采用无须设备直接接触的近距离无线技术，允许人们在近距离范围内安全、快捷地传输支付数据。NFC 支付技术的优点包括不依赖互联网、安全可靠、处理速度较快等，但这种支付方式也存在一些缺点，如应用范围较为有限、涉及的产业链较长等。

NFC 支付进入市场的时间晚于二维码支付，在市场占有率方面落后于前者。虽然，在安全性能方面，NFC 采取硬件和软件双重加密，NFC 支付远胜于二维码支付，但是，NFC 支付的产业链过长，上游市场芯片供应商纷繁复杂，中游市场的手机厂商又要与银行、消费者和商户多重携手合作，导致目前 NFC 支付在我国的实际市场占有率不高，线下应用场景不足。

3. 手机刷卡器支付

作为一种外接读卡器，手机刷卡器主要用于提取磁条卡的相关信息。这个设备可以直接插入使用，并且没有任何刷卡金额的限制。用户只需要将该设备与手机通过音频孔连接，就可以使用多种功能，如信用卡还款、支付宝付款、余额查询、购买游戏充值卡等。手机刷卡器支付主要适合现场移动收款和远程支付两种应用场景。

在现场移动收款应用场景下，商户收银员只需要在手机上插上刷卡器，即可让用户进行刷卡付费，完成收款。在远程支付应用场景中，用户可以在手机上插上刷卡器，直接完成刷卡支付。

4. 密码支付

作为移动支付最初的方式，密码支付主要涉及数字和字母的组成，这种形式的缺点是用户容易出现遗忘或记错的状况。针对这种情况，一些用户将常见的个人信息设为密码，如生日和门牌号码等，这种做法会使他们面临个人信息被黑客盗取、密码被破解的潜在风险。

5. 指纹支付

指纹支付主要通过指纹进行支付和识别，苹果的指纹识别和支付技术是该支付方式最为典型的例子。为了确保支付的安全性，Apple Pay 利用指纹识别技术，即“Touch ID”技术，来对支付者进行识别确认。微信 6.2 版本于 2015 年 6 月 8 日发布，新增了全新的“指纹支付”功能。微信用户启用该选项并提交了订单，微信就可以开启支付流程。这时，用户只需按照手机屏幕上的指引，将手指放置在指纹识别区域，就能瞬间轻松完成支付。在支付过程中，用户无须进行密码验证。

6. 声波支付

利用声波传输的近场识别技术，声波支付可以实现两台设备的连接和交互，完成进场识别。具体来说，用户在手机客户端应用第三方支付产品时，可以使用“声波支付”功能。使用该功能时，用户需要将手机传声器对准收款方传声器，之后，手机会发出一阵特殊的“咻咻咻”声音。目前，声波支付主要用于地铁、商场、校园内的自动售货机等设备，手机不需要联网，但卖家需要配备声波接收器。

第二节　支付与支付系统的演进

一、支付的概念与支付系统的构成

（一）支付的概念

商业伙伴之间的支付交流活动是通过资金流动来实现的，只要交易存在，资金流动就会发生。银行在商品交易中充当着重要的角色。作为信用中介，银行能够协助交易双方顺利完成资金的支付和收取。这样的交易过程，通常涉及银行与客户以及客户与开户银行之间的资金往来。

（二）支付系统的构成

支付系统主要由下面几个部分构成：

1. 银行

在支付手段越发多元化的今天，银行在支付体系中发挥着十分重要的作用。事实上，绝大多数交易都需要通过银行账户完成转账支付。为了保证向大量客户提供出色的支付服务，银行必须拥有卓越的支付基础设施。

2. 清算机构

清算机构的职责在于清分并结算金融机构（如银行）与其他金融或非金融机构之间的款项。举例来说，美国的银行间资金的清算划拨通常采用两种系统：其一，联邦电子资金划拨系统，这个系统是由美国联邦储备系统管理和运营的；其二，银行同业支付系统，由纽约清算所协会经营。

3. 支付系统的管理者

管理者负责制定支付系统的运作规章，维护支付系统日常运作。一般由中央银行承担这个角色，也有民间组织做管理者的情况，如威士国际组织（VISA International）。

4. 支付工具

在支付系统中，支付工具扮演着支付指令的载体角色，主要负责处理结算事项。在运用某一支付工具之前，必须确保买卖双方均认可该工具的合法性。作为一种特殊载体，支付工具包括两种形式：有形支付工具和无形支付工具。前者包括现金、支票、银行卡等，后者则是指符合支付系统标准的电子信息，这种信息需要在获得相关支付系统的认可的基础上，被用作无形支付工具。

5. 国家法律与运作规章

支付系统的使用者在国家法律和支付系统运作规则的指导下，洞悉了自己的权利和责任。此外，国家法律与支付系统的运作规章还针对支付行为的法律效力、支付工具的适用范围等进行了规定。如果没有明示的法规制度，支付系统将无法长期、稳定地运作。

二、支付系统的发展与演进

支付活动是随着商品社会和商品经济的发展而发展的，伴随着支付工具和支付技术的变革和进步，支付系统大致经历了三个发展阶段：

（一）实物货币支付系统

从商品物物交换到以实物货币为中介的交换，是支付系统发生的第一次重要变迁。黄金和白银由于它们自身的特性而充当了一般等价物——货币。此时，交换和支付是同时发生的，货币作为支付工具，初级的支付系统开始形成。

（二）传统信用货币支付系统

纸币的现金支付是现今社会货币支付最普遍的形式。纸币使用方便，便于携带，特别适合于小额交易，并且不留下交易痕迹。但是，出于大额支付和安全性考虑，纸币有不可克服的问题，因此产生了各种具有银行信用性质的支付工具，如支票，汇票、本票等。

具有银行信用性质的支付工具，主要通过收、付款人之间存款账户金额转移进行债权债务结算，一般用于企业之间金额较大的支付。此时，商品的交换过程与支付过程发生分离，比较完善的支付系统已经建立。

（三）电子支付系统与网上支付系统

随着电子商务的兴起，产生了与之对应的网上支付系统，网上支付可以使电子交易高效率、低成本的优越性真正发挥出来。如果没有良好的网上支付环境，用户只能采用网上订货、网下支付的方式，那么只能实现较低层次的电子交易应用。

三、传统支付方式及其局限性

（一）传统支付方式

传统支付方式主要有三种：现金、票据和信用卡。

1. 现金

在现金交易中，买卖双方处于同一位置，交易是匿名的，卖方不需要了解买方的身份。现金具有使用方便和灵活的特点，多数小额交易是由现金完成的。其交易流程一般是一手交钱，一手交货。

2. 票据

汇票、本票和支票是票据的主要类型。汇票是一种票据，可以由出票人指定一定金额并规定在特定期限内，无条件地向收款人支付该金额；本票由出票人在特定日期支付一定金额给收款人，其义务不受任何限制；支票是指出票人将一定金额的款项委托给银行或其他合法金融机构，在签发后无条件地向指定收款人支付特定金额。

无论是使用汇票、本票还是支票，都需要有出票人的签名方能生效。在使用支票进行支付的过程中，支票由买方签名后即可生效。卖方需通过银行来处理支票，需要为此支付一定的费用，还需要等待提款。使用汇票进行支付的流程大致与支票支付流程相同。本票支付流程则有所不同。本票是由买方通过银行处理的，而汇票、支票是由卖方通过银行处理的。

3. 信用卡

采用信用卡支付不仅迅速、方便，还可以有效减小现金流通量，简化收款步骤。此外，持卡人无须随身携带大量现金就可在异地使用信用卡进行取款和消费，而且，信用卡也能够有效降低持卡人携带现金的安全风险。正是由于具有这些特点，信用卡在世界范围内被广泛使用。

我国传统的四大银行分别发行了工商银行的牡丹卡、中国银行的长城卡、建设银行的龙卡和农业银行的金穗卡。银联卡，即“银联”标识卡，是经中国人民银行批准，由国内各发卡金融机构发行，采用统一业务规范和技术标准，为解决我国金融机构银行卡的跨行交易而使用的银行卡。

（二）电子商务时代传统支付的局限

传统支付方式不能完成在线支付的主要原因主要有以下几点：

1. 缺乏方便性

通常情况下，消费者在使用传统支付方式时，必须离开在线平台，通过邮寄支票或电话支付等方式来完成付款。

2. 缺乏安全性

在网络上进行传统支付时，消费者需向商家提供卡和账户信息及其他个人信息。人工操作和邮寄、电信等委托传递渠道是传统支付指令的主要传递方式，这些传递方式具备时间过长、成本过高等缺点，并且存在一定的安全风险。

3. 缺乏覆盖面

在一般情况下，信用卡只限于在特定的经销商处进行消费，而不支持个人或企业之间的支付交易行为。

4. 缺乏适用性

并非所有购物者都符合信用卡或支票账户的合格标准，不达标的人无法拥有此类账户（支票、信用卡）。

5. 缺乏小额交易的能力

在网络交易中，许多交易都是小额交易。然而，额外产生的电话费用或信函费用会增加交易成本，这就导致许多销售商无法负担这种费用。

第三节　电子支付系统及工具

一、电子支付系统

随着电子商务的发展，支付环节的重要性日益凸显。尽管我们可以将传统的支付方式，如银行支票、旅行支票或汇款单等，用于电子商务中的清算，但很显然，电子支付方式更具优越性。由于具备速度更快、成本更低以及方便网购者的特点，电子支付方式已经远远超越了传统支付方式。

（一）电子支付的概念及特征

1. 电子支付的概念

2005 年 10 月，中国人民银行发布了《电子支付指引（第一号）》，该文件对电子支付进行了定义，表示电子支付是利用电子终端发送支付指令，以实现货币支付和资金转移的一种方式。此过程可以由单位和个人自行完成，也可以通过授权他人完成。电子终端能够让客户更方便地发起电子支付指令的设备，这种设备的类型包括但不限于电话、计算机、自动柜员机、销售点终端、移动通信设备等。

参照上述定义，电子支付可以表述为以计算机和通信技术为手段，通过计算机网络系统并以电子信息传递形式实现的货币支付和资金流通。

2. 电子支付的特征

与传统的支付方式相比，电子支付具有以下特征：

（1）数字化的货币

电子支付是采用先进技术并通过数字流转来完成信息的传输，而传统的支付方式则是通过现金的流转、票据的转让及银行的汇兑等物理实体来完成款项支付的。

（2）互联网的平台

电子支付的工作环境是基于一个开放的系统平台（如互联网），而传统支付则是在较为封闭的系统中运作（如金融专用网络）。

（3）现代通信手段

电子支付使用的是最先进的通信手段，而传统支付使用的则是传统的通信媒介。电子支付对软件和硬件设施的要求很高，而传统支付在客户端方面几乎没有什么要求。

（4）突破传统界限

电子支付打破了时空的限制，可以满足 24/7（每周 7 天，每天 24 小时）的工作模式，而且，其支付费用相对于传统支付来说也非常低。

（二）电子商务支付系统的基本体系构成

电子商务支付系统的基本体系构成主要由以下几部分组成：

1. 客户

客户是指与某些商家之间有交易往来，并存在未结清的债权债务关系（通常情况下是债务关系）的一方。客户是支付体系运转的起点和核心，这是因为客户需要使用自己的支付工具（如电子钱包、信用卡等）进行付款。

2. 商家

作为商品的销售方，商家持有债权，可向金融系统申请货币给付，以执行客户的支付指令。通常情况下，商家会使用服务器完成认证并处理与各种支付工具相关的任务。

3. 客户开户行

客户持有的账户的所属银行被称为客户开户行。客户可以使用银行所提供的支付工具，并接受银行所提供的信用担保，以确保支付工具能够得到兑付。客户开户行能够为客户的交易提供一定的安全保障。我们也可以将客户开户行称为发卡银行。

4. 商家开户行

商家开户行是指商家在其中开设账户的银行，这个账户在整个支付流程中扮演着资金流的接收和流转角色。一旦商家向开户行递交了支付指令，开户行会经过审核后授权支付并完成银行间结算等必要的任务。我们也可以将商家开户行称为收单银行。

5. 支付网关

支付网关是指连接互联网和传统的金融专用网之间的一组服务器，其主要作用是安全连接互联网和金融专用网，将不安全的互联网上的交易信息传给安全的金融专用网，起到隔离和保护专网的作用。它主要完成通信、协议转换和数据加解密功能，以保护银行内部网络。

6. 金融专用网

金融专用网仅在银行内部和银行之间进行通信，不对外开放。这类网络具备的安全性比较高。例如，中国的国家金融通信网络是由多个系统相互连接而成的，包括中国人民银行电子联行系统、中国国家现代化支付系统（China National Advanced Payment System，CNAPS）、银行卡授权系统、工商银行电子清算系统等。

7. 认证中心

由于无法实现面对面交易，人们在进行网上交易时，需要通过数字证书来确认所有参与方的真实身份，以确保交易的可信度和可追溯性，这就是所谓的安全电子证书。认证中心是发放安全电子证书的机构。

除以上各参与方外，网上电子商务支付系统还包括支付中使用的支付工具以及遵循的支付协议。支付过程就是交易各参与方与支付工具、支付协议的结合。

二、电子支付工具

在电子商务中，电子支付工具扮演着不可或缺的角色，对于电子商务的进展而言可谓举足轻重。在计算机技术飞速发展的时代背景下，越来越多的电子支付工具先后问世。通常来说，电子支付工具涵盖电子现金、电子支票、电子钱包和信用卡等类型。

（一）电子现金

我们可以将电子现金（E-Cash）称为数字现金，它是一种以数字方式实现流通的货币形式。电子现金使用加密序列数来代替实际现金数值，能够以此为基础表示各种现实中的金额。此外，电子现金适用于通过互联网中的小额支付，广大用户只需要在支持电子现金支付的商家开设电子账户并存入资金，便可在允许电子现金消费的场所进行购物。

电子现金不仅具有数字化带来的便利，还具有纸制现金所不具有的安全性和隐私性，正在成为电子商务中实现网上支付的主要工具。

1. 电子现金的特性

电子现金是纸币的电子化，具有以下几个特性：

（1）货币价值

电子现金必须具备货币价值，它必须有一定的现金以及银行授权的信用卡或银行证明的现金支票作为支持。如果一家银行创造的电子现金能被其他银行接受，那么银行间必须能够毫无障碍地进行对账。如果没有银行的支持，即使在有存款的情况下，仍然会存在以资金不足为理由而被拒绝的风险，这样的数字现金就没有任何货币价值了。

（2）可交换性

电子现金必须具有可交换性。电子现金可以与纸币、商品或服务、网上银行卡、银行账户存储金额、支票等进行互换，一般倾向于数字现金在一家银行使用。但事实上，不是所有的买方会使用同一家银行的数字现金，他们甚至会选择多个国家的银行的数字现金。因而，数字现金就面临多家银行的广泛使用问题。

（3）可存储性

电子现金的存储是从银行账户中提取一定数量的电子现金，存储在远程计算机、智能卡或其他易于转换的标准或专用设备上。为了避免随意复制和伪造，应把电子现金存储在不可修改的专用设备上，这个设备应该具有适当的界面，可以通过口令或其他方式来鉴别使用者的身份，并用显示器来显示相关内容。

（4）不可重用性

必须防止电子现金的复制和重复使用。电子现金是高科技发展的产物，它融合了现代密码技术，提供了加密、认证、授权等机制，只限于合法地使用，能够避免重复使用，电子现金一次花完后，就不能用第二次了。

2. 电子现金的缺点

电子现金的优点包括用户无需透露个人信息、可根据金额需求进行分解、使用方便等。举例而言，在保障买卖双方的隐私权方面，电子现金采用数字签名及认证等技术，以确保用户付款时处于“隐身”状态，且不可被跟踪。客户利用电子货币向卖家进行支付时，只有卖家知道付款者身份和交易详细信息，而其他人对其无法知晓。但存在一种特殊情况，即若是买家采用高度复杂的隐蔽系统，这时卖方也可能无法得知买方的身份信息。

但同时，电子现金也存在缺点，主要有以下几点：

（1）使用范围有限

目前，只有少数商家接受电子现金，而且只有少数机构提供电子现金发行和管理服务，不利于电子现金的流通。

（2）现行成本较高

电子现金对于硬件和软件的技术要求都较高。在进行电子现金交易时，银行先要拿数据库里的资料来检查。对于大量处理付款的银行而言，这种检查过程十分烦琐和耗时。同时，银行必须不断检查和进行安全记录。因此，电子现金的推广成本较高。

（3）安全风险较大

如果用户存有电子现金的硬盘损坏或存储设备出现系统故障，都有可能造成电子现金的无法恢复。又比如顾客忘记将电子现金存放在何处，这很可能就和丢失一样。此外，更令人担心的是一旦出现电子伪钞，将给发行人及用户带来毁灭性的损失。

（4）其他问题

从技术上讲，电子现金发行者可以很广泛，但如果不加以控制，电子商务将不可能正常发展，甚至由此带来相当严重的经济金融问题，如干扰货币供应和带来金融危机可能性等潜在问题。对于无国家界限的电子商务应用来说，电子现金还存在征税困难、货币兑换等一系列问题。因此，有必要制定严格的经济金融管理制度，保证电子现金的正常运作。尽管存在这些问题，电子现金的使用仍然呈现增长势头。随着更为安全可行的电子现金解决方案的出现，电子现金一定会像商家和银行界预言的那样，成为未来电子商务方便的交易支付手段。

（二）电子支票

电子支票是一种将资金从一个账户传递到另一个账户的数字化转账方式，它参照了纸质支票的支付优势，采用数字化传输方式完成转账。电子支票可以经由专用网络系统或公共网络进行传递。

1. 电子支票的优点

使用电子支票是非常方便的。电子支票适用范围广泛，可以满足多种支付需求。此外，电子支票能够帮助我们快速、高效地处理相关交易事务，也能够有效减少资源浪费、节省开支成本。并且，电子支票具备非常严格的安全措施，其安全性很强。

2. 电子支票的局限性

第一，开立支票账户必须有一定的限制，以维护信用交易的秩序。

第二，签发支票涉及的法律规定多，退票风险须由收票人承担。

第三，出票人、收票人、票面金额等买卖双方的隐私无法保护。

第四，签名所用的密钥一旦遗失，支票便有被盗用的危险。

3. 电子支票的支付流程

使用电子支票付款时，客户使用电子支票簿。电子支票簿只是一个形象的称谓，它是一种类似于 IC 卡的一个硬件装置。这个卡片大小的装置中有一系列程序和设备，插入客户的计算机插口以后，客户通过密码或其他手段激活这个装置，使其正常运作。

电子支票簿可以保存客户的个人密钥，客户可以使用该密钥自动创建电子支票，并借助互联网将这些支票发送到商家的电子邮箱，而后向银行发送电子付款通知单。在网络上，用户可以创建电子支票，这些支票和纸质支票相似，但是必须经过数字签名验证和付款方批准才能生效。通过数字证书，我们可以验证支付或接收方的身份，并核实相关的银行和账户信息以确认支付的准确性。

通过上述过程，金融机构就可以根据签过名和认证过的电子支票把款项转入商家的银行账户。电子支票的支付主要会涉及客户、商家以及银行三个实体。

（三）电子钱包

在电子商务活动中，电子钱包是比较常见的支付方式，它可以被视为客户使用的加密的银行账户工具。想要在网上购物使用电子钱包，用户需要先到银行开设一个账户。然后，用户要在电子商务服务器上安装相关的应用软件。运用电子钱包时，用户需要将储存在电子货币或电子金融卡中的数据信息输入到电子钱包中，以确保在使用过程中有足够的资金支付所购买的商品。

当用户要用电子信用卡付款时，只要单击一下相应项目（或相应图标）即可完成。

1. 电子钱包的分类

电子钱包基本上可分为两类。

（1）具有实物形态的电子钱包

它以智能卡为电子钱包的电子现金支付系统，应用于多种用途，具有信息存储功能，最典型的代表是 Mondex 卡。

（2）软件形态的虚拟电子钱包

利用虚拟电子钱包，我们能够存储关键数据以及货币值，也可以将各种电子货币、电子金融卡的信息以及信用卡资料整合在一起，进而更便捷地进行在线支付。进行网购时，我们需要在电子钱包服务系统中通过电子钱包进行操作。此外，我们可以通过输入电子货币或电子金融卡上的信息完成付款，具体操作为点击对应的图标。

2. 电子钱包的功能

（1）电子证书的管理

管理电子证书，涉及对电子证书进行申请、存储和删除等操作，这类操作可以帮助我们确认商户身份并传送交易信息。

（2）存储信息

电子钱包与传统的实体钱包类似，都能够用于储存信用卡、电子现金、持有人身份证和地址等关键信息。我们使用电子钱包，可以对每一笔交易进行记录，方便我们进行后续查询。

（3）提高购物的效率

在一般的网上购物中，客户在网站选好货物后，到收款台进行付款时，每次都需要输入姓名、地址、信用卡号等很多个人信息，客户必须填完所有信息才能完成结账，而填写这些表格很烦琐，很多人会因此而放弃购物，致使电子商务行业损失巨大。但使用电子钱包就可以减少这类麻烦，信息自动输入收款表里，大大加速了购物的效率。

（四）信用卡

信用卡是一种重要的电子货币载体，能够使持卡人的日常消费变得十分便利。无论是旅游还是购物，持卡人都不必携带现金或支票，可以直接通过信用卡完成支付。如今，信用卡已被广泛应用于支付和信贷领域，其优点在于处理速度快、适用范围广泛且效率高。

1. 相关概念

信用卡在产生初期仅仅是一种商业信用凭据，随着银行业的介入以及计算机和网络技术的广泛运用，逐步演化为以银行信用为基础，集支付结算、储蓄汇兑等众多功能为一体的信用卡。

国外的信用卡主要是指由银行或专营公司发行的贷记卡，即指不需要先存款，就可以透支消费的信用卡。而在我国，中国人民银行对信用卡的定义是“信用卡是指由商业银行（含邮政金融机构）向社会发行的具有消费信用、转账结算、存取现金等全部或部分功能的信用支付工具”[①]，信用卡包括信用卡和借记卡。

2. 信用卡种类

信用卡有多种分类方法，最常用的划分方法是按结算方式和信息载体材料分类。

（1）按结算方式分类

①贷记卡

贷记卡指的是银行为那些金融信誉良好的客户提供的一种短期信用借款工具，客户无须提供抵押品。贷记卡是信用卡最早推出的种类之一，也是一种信用

① 唐应茂著．电子货币与法律．北京：法律出版社，2002：220.

凭证，能够证明持卡人信誉良好，客户持该卡可以直接在特定商店或场所进行消费，并且这种卡通常是由银行或专业信用卡公司发放。银行会根据客户的信用评级，为其发放的贷记卡设定相应的信用限额。持卡人可以在特定商店先消费后结算，也可以在自动取款机上提前预支现金。

②借记卡

银行以贷记卡为基础，推出借记卡这一信用卡类型。只有在特定银行开立储蓄账户并成为该银行的客户的情况下，借记卡才能被持有者使用。在特定商店消费时，持卡人的资金不会被算作贷记卡的债务，所用消费金额会从持卡人银行存款账户转移至商家账户。

③复合卡

复合卡是一种信用卡，兼具贷记卡的性质与借记卡的性质，我国习惯将其称作准贷记卡。当使用复合卡时，发卡银行会要求持卡人事先存入一定额度的预付款。若预付款余额过低，持卡人可以在发卡行所规定的信用额度范围内适度地透支。

④现金卡

现金卡可以对持卡人的现金余额进行记录。当持卡人在商户处使用现金卡进行消费时，商户会直接从其卡内扣除相应的金额，同时持卡人的现金卡余额会相应减少。所以，我们可以将现金卡视作数字货币的一种实际体现，因为用户可以直接用它进行支付。然而，与实际现金不同的是，现金卡内部存储的是数字货币。

（2）按信息载体材料分类

按材料类型划分，信用卡经历了塑料卡、磁卡、集成电路卡、复合介质卡和激光卡等发展阶段。

①塑料卡

在20世纪50年代晚期，用塑料卡制成信用卡，已经在发达国家十分盛行。使用信用消费服务时，顾客需要出示该卡以明确身份，一旦验证通过，顾客便可享受对应的服务。此外，这种塑料卡与计算机毫不相干。

②磁卡

1970年，磁卡问世。这种卡将磁条固定在塑料卡片上，持卡人可以简便有效地进行计算机输入。随着个人电脑的普及和应用率的不断增长，磁卡的应用范围也日益扩大，深受大众欢迎。至今，磁卡仍是人们广泛应用的信用卡之一。其优点是制作成本低，其缺点有：一是安全性低，磁条中的数据易被破译和仿制；二是不适合脱机处理；三是记忆容量小，存储数据可靠性也比较差；四是无运算能力，只能被动地被读取，无法进行数字签名运算等。

③集成电路卡

IC 卡是集成电路卡的另一称呼，是一种在塑料基片上嵌有微处理器、大容量存储器等芯片的卡片。消费者可以将信息和电子货币存储在智能芯片上，其存储和管理都较为高效。与磁卡相比，IC 卡具有安全性高、可靠性高、存储容量大、适用范围广，既可在线使用，也可脱机处理等特点。

④复合介质卡

鉴于磁卡已有的广泛应用市场，同时兼顾 IC 卡的发展，金融机构发展了一种混合性质的信用卡。它之所以被称为复合介质卡，即是一种在磁卡中内藏 IC 芯片，在识别磁卡和 IC 卡的器具上都可以使用的过渡卡。

⑤激光卡

激光卡也称为光卡，国际标准称之为“光储卡”，是在塑料卡片中嵌入激光存储器而成的。激光卡系统由激光卡、激光卡读写器和与之相连的计算机系统构成。激光卡上的光区域依次由透明层、光层和保护层所组成。激光卡同 IC 卡相比，除了可提供多重功能服务外，安全性更高，储存量极大，比 IC 卡的存储量大百倍以上。目前，光卡尚处于试验阶段，将来有可能是 IC 卡的替代者。

第四节　网上银行的功能与主要业务

一、网上银行的功能

通常情况下，网上银行可以提供两类不同的服务：第一种服务是基于传统商业银行业务模式，将此当作一种新兴渠道，用于传统商业银行推广自身产品；第二种服务是满足不断增长的互联网多媒体互动需求，并通过研发和创新推出新的业务模式。此外，网上银行能够实现全面转型，重新设计组织和业务管理模式，这打破了传统商业银行的限制，让用户可以登录网上银行办理相关业务。

从业务品种细分的角度来讲，网上银行一般包括以下几方面的功能：

（一）决策咨询

网上银行可以为用户提供业务咨询和处理投诉，并收集、整理、分析他们的问题和建议，以便了解用户关注的重点以及市场需求的发展趋势。在此基础上，网上银行能够积极调整经营模式和业务类型，以更好地满足用户需求，不断提升用户体验和满意度。

（二）提供信息

网上银行可以向用户呈现有用的金融信息，并能够借助互联网进行广告宣传。由于顾客能够在任何时候上网获取银行的信息，他们可以更容易地了解银行的运作规则、不同业务种类及其特点，这能使顾客更加便捷地完成各项业务。

（三）账务查询

利用互联网门对门服务的优势，网上银行能够为企业事业单位和个人用户提供方便快捷的查询服务，查询内容包括财产状态、账户余额以及一定时期内的交易明细清单等。对于企业集团，网上银行还能提供跨地区多账户的账务查询功能。

（四）申请和挂失

申请和挂失涉及的范围比较大，覆盖面广泛，主要包括但不限于以下方面：申请信用卡、注册和注销银行账户、填写支票、实现电子支付、编写企业财务报表、处理跨国交易、管理信用证、批准各种贷款以及提供预约等服务。

（五）网上支付

电子交易能否正常进行，取决于实时资金结算功能。这项功能可以为用户提高即时结算的便利度，可谓网上银行具有代表性的功能。针对不同的交易方身份，网上支付包括多种交易模式，例如企业内部支付和企业与消费者支付，它可以让资金的转移和结算变得更加便利。

（六）在线账务处理

用户有权来转移自己账户内的资金，可以将定期存款转化为活期存款，或将活期存款转化为定期存款，也可以从外汇兑换或是外币买卖角度对其加以处理。使用这些转账方式，无论是资金类型还是资金期限，用户都可以毫不受限地转账。此外，就网上银行的资金实时划转服务而言，用户可以根据个人需求进行网上转账、网上汇款等操作。

（七）信息增值

网上银行可以综合金融信息咨询，为客户提供精细而专业的理财建议和顾问方案，并且采用资金托管、账户托管等方式来管理客户的资金使用情况。网上银行为客户之间的商品交易提供信用支付的中介服务，所采用的操作方式来源于信用证等业务。

（八）金融创新

网上银行有效地利用了互联网的快捷性、互动性以及多媒体特点，可以为不同客户提供个性化、便捷的智能服务，同时能为广大用户提供传统商业银行无法顺利实现的功能。

二、网上银行的主要业务

随着时间的推移，网上银行服务逐渐成为客户获取金融服务的首选，因为它能够以全面个性化的方式满足用户的需求，逐渐取代了个人电脑银行服务。用户只要持有安全认证设备和访问授权，就能在任何时间、任何地点通过网络终端享受网络严格提供的金融服务。具体涉及的业务包括以下几个方面：

（一）公共信息服务

公共信息服务，具体内容包括：银行简介，银行业务、服务项目介绍，银行网点分布情况，自动取款机（Automated Teller Machine，ATM）分布情况，银行特约商户介绍，存贷款利率查询，外汇牌价、利率查询，国债行情查询，各类申请资料（贷款、信用卡申请），投资理财咨询使用说明，最新经济信息，用户信箱服务等。这些信息对网上的所有访问者都开放。

（二）企业银行业务

企业银行具体业务包括：账务查询、内部转账、对外支付、活期定期互转、工资发放、信用管理、企业账务查询和信用查询、网上信用证、金融信息查询、银行信息通知等。例如，企业可以通过网上银行查阅本企业或下属企业的账户余额情况，划转企业内部各单位之间的资金。网上的企业银行业务仅面向在网上银行系统开户的注册客户，所有的交易数据均经过加密后才在网上传输。

（三）个人银行业务

个人银行具体业务包括：业务查询、转账业务、代收代缴业务、储蓄业务、公积金贷款业务、金融卡消费业务、财务状态管理业务、客户金融咨询服务、客户意见反馈服务等。例如，用户可以通过网上银行查询账户余额交易历史，进行电子转账。与企业银行业务一样，个人银行业务也仅对在网上银行开户注册的客户提供服务。用户只要在网上银行开立了普通存折或一卡通账户，就可以上网享受网上银行提供的各种个人银行服务。

（四）商务服务

商务服务主要包括投资理财和网上购物等服务内容。

投资理财服务可由用户主动进入银行的网站进行金融、账户等的信息查询和财务账目的处理，也可由网上银行系统对用户实施全程跟踪服务，即根据用户的储蓄、信贷情况进行理财分析，适时地向用户提供符合其经济状况的理财建议或计划。

在网上购物方面，网上银行以网上商店的形式向供求双方提供交易平台，商户在此可建立自己的订购系统，向网上客户展示商品并接收订单，商户在收到来自银行的客户已付费的通知后即可向客户发货。客户可进入银行的网上商店，选购自己所需的商品，并通过银行直接进行网上支付，供求双方均通过网上银行这一中介机构建立联系并实现收支，降低了交易的风险度。

第六章　电子商务物流

自 20 世纪 90 年代中期开始，电子商务因其交易不受时间和空间的限制且成本低、效率高等方面的优势引起了世界各国的高度重视。随着电子商务的迅猛发展，制约电子商务发展的物流环节也开始为人们所关注，人们越来越认识到，高效、可靠的物流运作和供应链管理是实现电子商务的基本保证。

第一节　电子商务物流的概述

一、物流概述

（一）物流概念的产生和发展

物流随商品生产的出现而出现，随商品生产的发展而发展。所以，可以说物流是一种古老的传统的经济活动。直到 20 世纪初前，尽管物流一直存在，但人们仍未意识到“物流”这一概念。物流的概念是在漫长的历史过程中得以形成的，随着交易对象和环境的改变，物流概念不断发展演变。物流概念最早起源于 20 世纪初的美国。自 20 世纪初以来，物流概念的诞生和发展先后历经三个不同阶段。

1. 第一个阶段：物流概念的孕育阶段

从 20 世纪初到 50 年代，物流概念处于孕育和产生阶段。对物流这种经济活动的认识，在理论上最初产生于 1901 年，约翰 · F. 格鲁威尔（John F.Crowell）在美国的《农产品流通产业委员会报告》中第一次论述了对农产品流通产生影响的各种因素和费用，从而揭开了人们对物流活动认识的序幕。此后，1905 年美国少校琼西 · 贝克（Chauncey B. Baker）提出“Logistics”这一物流概念，他是从军事后勤的角度提出的。1915 年，美国市场营销学者阿奇·萧（Arch W. Show）于提出了“Physical Distribution”这一物流概念，他是从市场分销的角度提出的。应该说，这两个概念的实质内容是不同的。阿奇·萧是从市场营销的角度来定义物流，Physical Distribution 的直译应该是“实体分配”，按中国人的语言习惯应该译成“分销物流”。它实际上是指以更省钱、更及时的方式把企业的产品分送到客户手中的活动。而 Logistics 是后勤的意思，主要是指物资的供应保障、运输储存等。这两个不同的概念之所以都分别能存续下来，是因为两者之间互不冲突，分别在各自的专业领域中得到了一定程度的响应、应用和发展。同时，更为重要的原因是，没有一个统一的物流学派来进行统一规范，社会上绝大多数人还基本上没有物流和物流业的概念。因此，这个阶段可以说是物流概念的孕育阶段，是市场营销学和军事后勤孕育了物流学。

2. 第二个阶段：分销物流学阶段

从 20 世纪 50 年代中期开始到 80 年代中期为分销物流学阶段。在此阶段，Physical Distribution 这一概念在美国得到不断的发展，并且从美国走向了全世界，成为世界各国公认的物流概念，形成了物流管理学，因而，也形成了物流学派、物流产业和物流领域。1956 年，霍华德·T. 刘易斯（Howard T.Lewis）、詹姆斯·W. 卡利顿（James W.Culliton）和杰克·D. 斯蒂尔（Jack D.Steele）三人撰写了《物流中航空货运的作用》一书，书中第一次在物流管理中导入整体成本的分析概念，深化了物流活动分析的内容。1961 年，爱德华·W. 斯马凯伊（Edward W.Smykay）、唐纳德·J. 鲍尔克斯（Donald J.Bowersox）和弗兰克·H. 美斯曼（Frank H.Mossman）撰写了《物流管理》，这是世界上第一本介绍物流管理的教科书，详细论述了物流系统和整体成本的概念。1963 年美国物流管理协会（National Council of Physical Distribution Management，NCPDM）成立，该协会将各方面的物流专家集中起来，提供教育、培训活动，这一组织成为世界第一个物流专业人员组织。20 世纪 50 年代中期，美国的 Physical Distribution 概念传到了日本，在日本得到了认可并开始发扬光大，以后又逐渐传到了欧洲、北美和其他国家，20 世纪 70 年代末传到了中国。这样，基本上全世界各个国家都接受了“Physical Distribution”这一物流概念。

当人们专注地研究分销领域中的物流问题、发展各种专业理论和技术的时候，企业内部物流理论悄悄地发展起来。1965 年，美国约瑟夫 · A. 奥立奇教授（Dr.Joseph A.Orlicky）提出独立需求物资和相关需求的概念，并指出订货点法的物资资源配置技术只适用于独立需求物资。企业内部物流的生产过程相互之间的需求是一种相关需求。相关需求应当用相关需求的物资资源配置技术。随着 MRP（Material Requirement Planning）、MRPI、DRP（DistributionResources Planning）、DRPI、DRPIII、看板制和 JIT（Just In Time）等先进管理方法的开发和在物流管理中的运用，人们逐渐认识到，仅仅使用分销物流（Physical Distribution）这一概念已经远远不够，需要从流通生产的全过程来把握物流管理。特别是到 20 世纪 80 年代中期，随着物流活动进一步集成化、一体化、信息化、网络化，改换物流概念的想法就更加强烈，于是就进入了物流概念发展的第三个阶段。

3. 第三个阶段：现代物流学阶段

自 20 世纪 80 年代中期起，社会已经发展至现代物流学（Logistics）阶段。在该阶段里，各国纷纷对物流概念进行相应的变革，不再采用“Physical Distribution”一词，而是采用更为广泛、通用的“Logistics”。在现代物流学阶段，Logistics 的概念与最初在军事后勤学中提出的 Logistics 概念并不相同，它们在涵义上存在一定的区别。在军事后勤学中，Logistics 主要涵盖军事物资供应和调度等方面的内容，以解决军队的物流问题为主要目的。现代物流学中的 Logistics 理念着重强调企业在各个环节和方面的物流问题，具体涉及供应、生产和销售的流程，以及物流领域全方位的发展。这一概念的适用范围和程度已经超越了其在军事后勤学中的范畴和含义，两者之间存在明显的不同，无法进行比较。所以，在现代后勤学阶段，我们应将 Logistics 翻译为现代物流，这一概念可适用于各种组织形式，如企业、军队、学校、事业单位等。各领域深入贯彻这一理念，能够对上述诸多组织的流程进行集成、信息化和整体化处理。

物流外包和第三方物流的产生和供应链理论的诞生，进一步促进物流专业化、技术化和集成化，物流管理联合化、共同化、集约化和协调化，实现了生产和物流的分工合作，提高了各自的核心竞争力。

（二）物流的定义

从物流概念的产生过程可以看出，关于物流的概念，不同的国家、不同的机构、不同的时期有所不同。

美国物流管理协会的定义是：物流是对货物、服务及相关信息从供应地到消费地的有效率、有效益地流动和储存进行计划、执行和控制，以满足用户需求的过程。

我国2001年颁布的《中华人民共和国国家标准：物流术语（GB/T 18354-2006）》中对物流的定义是：物品从供应地向接收地的实体流动过程。根据实际需要，将运输、储存、装卸、搬运、包装、流通加工、配送、信息处理等基本功能实现有机结合。

（三）物流的功能

物流活动由物资包装、储存保管、配送、流通加工、运输、搬运装卸、物流信息处理等各项工作构成。上述构成也常被称为"物流的基本功能"。

除了传统的物流服务功能外，电子商务还具有增值性的物流服务功能。增值性的物流服务功能包括以下几层含义和内容：

第一，增加便利性的服务功能。

第二，加快反应速度的服务功能。

第三，降低成本的服务功能。

第四，延伸服务功能。

二、电子商务与物流关系

一方面，没有电子商务的发展，物流瓶颈问题将永远得不到一个好的解决方案。另一方面，在电子商务运用得如此广泛的今天，没有物流的支持，电子商务很难实现实体的转移。它们的关系是相辅相成、相互影响的。

（一）电子商务对物流的影响

最近几年间，电子商务正日益受到政府和诸多企业的认可，越来越多的组织和个人积极参与电子商务的相关活动。随着电子商务逐渐普及，传统产业的结构已经发生了变化，而这也给物流业带来了深远的影响。电子商务能够对物流产生以下几方面的影响：

1. 电子商务改变了传统的物流观念

物流活动并非源自电子商务或某种新兴事物，一直以来，它存在于人们的日常生活中。传统的物流企业需要大量资金购置仓库，以开展相关业务，但电子商务利用网络技术，能够将分散在不同地点的仓库汇聚在一起，形成“虚拟仓库”，进而更加高效地利用现有的资源。这些虚拟仓库通过网络连接，可以实现统一的管理和调配。此外，电子商务系统利用物品合理组合等多种策略，能够实现物流运输的最高效、最节省成本、最短距离、最快速度的运作，同时，还可为人们提供更广泛的服务范围和货物集散场所。传统的物流体系在资源整合的速度、规模、效率和资源合理配置方面都较为落后。而如今，基于电子商务，企业的物流观念已经发生新的变革。

2. 电子商务改变了物流的运作方式

无论以生产、成本为导向，还是以利润为导向，传统物流活动始终是基于商流活动展开的。但是，人为因素和时间因素会极大地干扰其执行过程的顺畅程度。在电子商务的物流运作过程中，信息起着至关重要的作用，物流的流动方向和操作方式都受信息的影响。新型物流通过网络系统连接展开业务流程。将需求信息输入系统，系统会快速响应，并制订出详细的配送计划，调动各个环节开始工作。在此情况下，物流配送速度能够得到大大提高，这要归功于计算机根据已经确定好的程序，自动完成所有相关的工作，其过程极其高效。

3. 电子商务改变物流企业的经营形态

纵观传统经济活动，物流公司之间会争夺市场优势，它们通常会采取提供高质量的服务、降低物流开支等策略。虽然步入电子商务时代，仍然存在企业互相竞争的现象，但电子商务需要建立全球性物流系统，以便商品能够合理流通，使得这些竞争内容所产生的影响已经大大削弱。并且，一个企业的规模再怎么庞大，这个企业也无法单独建立这种全球性物流系统。这表明物流企业需要相互合作，从而产生协同效应，提高物流的效率、合理性和系统化水平。通过运用网络技术，电子商务中的物流配送流程能够变得更为简洁和高效，同时，其信息传递速度也能大大提升，有的企业甚至可以实现实时系统，使得交接、结算等流程能够在极短时间内完成。概括而言，运用电子商务，物流企业能够成功缩短运输时间，提高运营效率，进而使得企业更具竞争力。

4. 电子商务提高了物流技术和管理水平

由于电子商务追求高效和全球性，物流需要适应这一社会需求。为实现这一目标，相关部门需要建立良好的基础设施，如高效的交通运输网络和通信网络，以为其提供基础性保障。物流效率的高低取决于物流技术和管理水平的优劣。我们应该加快物流技术的发展速度，还要提高管理水平，采用科学、完善的管理方法，将现代科技和卓越的管理技能运用到物流领域，以保障物流的顺畅运转，进而实现高效、有序的物流运作。这样一来，我们就能够更好地促进电子商务行业的健康发展。

5. 电子商务对物流人才提出了更高的要求

在传统经济模式中，通常由特定企业负责组织和管理物流，并为该企业内部提供相关服务。为了解决传统层面物流分散的问题，电子商务需要通过社会化的方式对物流系统进行组织和管理。由此，物流管理人员需要具备精湛的物流管理技能，掌握足够深刻的电子商务知识，以便在整合企业内外的物流基础上满足对社会的整体性需求。

（二）物流对电子商务的影响

1. 物流是电子商务的基本要素

电子商务的综合框架包含多个关键要素，有电子市场、电子商务实体、交易事务和信息流、商流、资金流、物流等。电子商务离不开物流，这是因为物流对于电子商务而言至关重要。计算机和网络通信设备能够轻松处理信息流、商流和资金流，但是，在物流方面，只有极少数产品和服务，如电子出版物和信息咨询等，能够经由网络进行传送，其余服务需要在多种机械化和自动化工具的加持下才能得以运输，仅仅依靠网络是无法完成全部流程的。从某种程度上来说，物流可以被视为信息流和资金流的基础承载工具，以及商流的延续和服务提供者。

2. 物流是实施电子商务的保证

电子商务过程直到商品完成空间转移（物流）并能及时送达用户手中，才算彻底完成。物流可以覆盖从采购产品到销售并交付客户手中的整个流程。所以，对电子商务的发展而言，物流的高效性是至关重要的因素。我们要采用先进和合理的物流管理技术，削减费用、优化库存结构、压缩生产和销售周期、减少使用环节，以提高电子商务运营的效率和顺畅度。

第二节　电子商务物流的模式

一、物流自营模式

物流业务由企业管理和执行，我们可以将其称为自营物流。在电子商务初期，许多企业规模不大，往往会选择自己经营物流服务并负责商品配送的运营模式。电子商务企业一般采取自营物流模式，即相关企业通过创建自己的物流配送体系，全方位负责企业自己的物流运营管理工作。在这种情况下，企业往往会从提供仓储和运输服务的企业购买这些服务。但是，这些服务只能为企业提供分散的物流功能，且仅适用于短期或单次市场交易。物流企业不会根据企业特有的业务流程提供定制化的服务，这就意味着物流企业和购买服务的企业在价值链上不存在十分紧密的联系。如果一家企业的客户对服务质量的要求非常高，而物流成本在公司总成本中所占比例很大，并且该公司在物流管理方面的能力比较强，那么相较于选择外部的物流服务，选择自营模式对于这家企业而言是更为明智的做法。在中国，很多物流公司最初是传统的仓储运输公司，难以满足电商所需的高效物流服务需求。所以，一些电商企业根据其电商经验，开始自主经营物流服务，也就是企业自己负责企业内部的物流业务。

二、物流外包模式

物流外包模式是与物流自营模式相对的一种方式。它是以签订合同的方式，将企业的物流活动委托给其他企业来完成。我们通常说的第三方物流或合同物流就是这种模式。

（一）第三方物流

第三方物流（Third Party Logistics，3PL 或 TPL）是一种专门处理供应链管理的物流企业。这种企业与卖方和买方并没有直接联系，但它会通过签署合同或契约接受供应链上相邻组织委托的物流任务。这些任务可能表现为一系列物流功能，具体的服务范围视企业的需求而定。为了为每个企业提供量身定制的全方位物流解决方案，第三方物流企业会针对每个委托任务提供个性化的服务。也就是说，第三方物流企业会根据企业的个体情况，实现产品或服务的快速转移，同时能够通过信息共享以获得各方面的优势，进而节约企业的物流费用，提高整体经济效益。第三方物流涉及专业的第三方企业，第三方企业承担企业物流活动，可被视作“第一方”发货人和“第二方”收货人的物流媒介。第三方物流企业能够与第一方或第二方建立合作关系，通过合同约束，为客户提供系列化、个性化和信息化的物流代理服务。这类企业并不持有商品，也不参与商品的买卖。第三方物流企业在物流领域提供的服务包括但不限于物流系统设计、EDI 技术支持、报表管理、集运计划制订、选择合适的承运商和货代公司、海关代理服务、信息管理、仓储解决方案、行业咨询、运费支付和谈判等。

第三方物流企业一般都是具有一定规模的物流设施设备（库房、站台、车辆等）及专业经验、技能的批发、储运或其他物流业务经营企业。第三方物流是物流专业化的重要形式，它的发展程度体现了一个国家物流产业发展的整体水平。第三方物流是一个新兴的领域，企业采用第三方物流模式对于提高企业经营效率具有重要作用。企业将自己的非核心业务外包给从事该业务的专业公司去做。第三方物流企业作为专门从事物流工作的企业，有丰富的专门从事物流运作的专家，有利于确保企业的专业化生产，降低费用，提高企业的物流水平。

（二）第四方物流

随着物流行业的飞速发展，第四方物流的概念也随之兴起。第四方物流这一概念，首次是由美国埃森哲咨询公司于 1998 年提出的。

第四方物流（Fourth Party Logistics，即 4PL 或 FPL）是一种集成商，专门负责为相关企业（第一方、第二方、第三方）提供广泛的物流工作方案，具体包括物流规划咨询、信息技术系统和供应链管理服务等。也就是说，第四方物流致力于为客户提供完整的供应链解决方案，主要通过集成信息技术、资源和能力获得一定的报酬，不会直接接触物流运营活动。此外，第四方物流致力于协助相关企业以更合理的成本，更高效地整合资源。基于优质的第三方物流供应商、技术支持服务商、管理咨询机构和其他增值服务提供商，第四方物流能够从供应链角度出发，为客户提供具有一定特色和广泛适用性的解决方案。

第四方物流与第三方物流相比，其服务的内容更多，覆盖的地区更广，同时对从事货运物流服务的公司要求更高，要求它们必须开拓新的服务领域，提供更多的增值服务。在当今经济形式下，货主或托运人越来越追求供应链的全球一体化，以适应跨国经营的需要，跨国企业由于要集中精力于其核心业务，因而必须更多地依赖于物流外包。基于此理，它们不只是在操作层面上进行外协，而且，在战略层面上也需要借助外界的力量，以便 24 小时都能得到“更快、更好”的物流服务。第四方物流公司以知识、智力、信息和经验为资本，为物流客户提供一整套的物流系统咨询服务，为整个供应链提供整合方案。所以，第四方物流的关键在于为客户提供最佳的增值服务，即迅速、高效、低成本和个性化服务等。

第四方物流虽然处于萌芽阶段，但其基本特征已渐趋明朗，正是这些特征使得第四方物流呈现出旺盛的生命力。其主要特征为：

1. 集约化

第四方物流集成了技术公司、管理咨询和第三方物流服务商的能力，整合了相关的物流资源，提供了一整套全面意义上的供应链物流解决方案，以有效适应需求方多样化和复杂化的需求。

2. 价值化

第四方物流通过对整个供应链产生影响的能力来降低运营成本，降低工作成本和提高资产利用率，能够为整条供应链的客户都带来利益，增加价值。

3. 规范化

第四方物流加速了整个物流行业的标准化和规范化的进程，推进了物流技术指标和质量标准的统一以及物流管理程序和实务的规范化。

4. 国际化

第四方物流是在经济全球化的大趋势下出现的，因此，其自身的国际化将是不可避免的，主要表现在物流市场的国际化、服务需求的国际化、物流支持系统的国际化、供应链管理的国际化和企业文化的国际化等方面。

三、物流联盟模式

（一）物流联盟模式的概念

物流联盟模式居于物流自营与物流外包之间，可以在很大程度上使这两种模式带来的风险降低。物流联盟是一种基于正式协议建立的物流合作关系，具体涉及生产企业、销售企业和物流企业。通过联盟，这些企业可以共享、协调和整合各自的物流资源，进而实现互利共赢的目标。在这种情况下，各合作企业仍然互相独立，各自具备自主性。为了提高物流业务的效率，在物流联盟中，企业之间会逐渐形成互相信任、共担风险、共享收益的伙伴关系，以改变过去所维持的简单业务合作的局面。各企业之间并非完全以自身利益为导向，也不完全以共同利益为导向，而是通过订立契约，在物流方面创建特定的中间结构，以实现优势互补和要素的双向或多向流动。联盟具备动态性特征，一旦各企业之间的协议到期，它们会重新聚焦于追求自身最大利益的目标。在挑选物流联盟合作伙伴时，企业需留意物流服务供应商所属类别和运作策略。通常情况下，各企业在物流联盟中的相互依存度很大。在物流联盟中，每个企业都需要明确自己在联盟中应该发挥的作用和应当扮演的角色，进而相互合作。各企业互相之间需要减少对立和摩擦，实现分工明确，使供应商可以更专注于为客户提供所需的服务。这种措施不仅可以增强企业在竞争中的地位，提高效率，还能够满足企业在跨区域和多维度物流服务上的需求。

（二）物流联盟的优势

1. 提高企业经济效益

中小企业可以通过物流战略联盟提高自身的运营效率，降低物流成本，从而提高经济效益。企业可以与具有专业物流服务能力的企业建立战略联盟，来实现物流服务外包。这样做既能够帮助企业避免出现将大量资源投入到物流领域产生损失的情况，又可以让企业享受更为专业、成本更低的物流服务。也就是说，企业通过战略联盟，能够有效整合来自社会的专业物流资源。

2. 缩短企业管理战线

从社会效益角度来看，采用第三方物流公司协助统筹规划和执行任务，有助于减少物流过程中的重复劳动。某些社会群体（低端、非专业）需要负责执行普通和专业的工作任务，这样的分工能够充分呈现社会专业发展的特色。第三方物流企业必须更有效地对战略联盟加以管理和控制，以确保运营方案能够满足客户和企业的需要。将操作层转变为管理层、对输出加以管控是现代化第三方物流企业不可避免的发展趋势。

3. 转嫁经营风险

现如今，第三方物流企业正在努力寻求与其他企业建立战略联盟关系，在运作中共担风险，降低自身的风险和不确定性。运输企业需要重视并应对的风险涉及货物、资金和社会等方面，这三个方面的风险都是不容忽视的。其中，库存、运输安全和货损等方面是货物风险的主要构成因素；资金风险受多个因素的影响，如应收账款的时间价值；社会风险可以归因于政策和交通法规的改变、石油价格的波动，以及其他一些特定环境的改变。也就是说，物流企业存在诸多风险，加入物流联盟可以更有效地帮助物流企业降低甚至转嫁这些风险。举例而言，面对资金风险，物流企业可以采取建立战略联盟、延长应付款期等措施，以达到优化结算方式、降低资金风险的目的。

（三）物流联盟的方式

1. 纵向即垂直一体化

垂直一体化是基于供应链整合管理而形成的一种物流联盟的方式。该方式涉及整个生产链，以及原材料采购、产品制造、销售和服务等方面的合作关系。采用垂直一体化联盟方式，企业不仅可以最大限度地解决最终客户的需求，还能够有效增加联盟的整体利润。然而，这种联盟在稳定性上存在问题，因为并非所有环节都能同时实现最大利益。这种客观存在的现实有可能对一些企业的参与意愿产生负面影响，导致它们可能随时从联盟里退出。

2. 横向即水平一体化

数家物流公司，包括第三方物流，在平行位置即相邻地区可以建立物流联盟。基于该联盟，相关企业可以有效扭转物流分散的局面，进而可以实现对规模效益的提升和集约化运作，让各个联盟成员企业降低成本、避免重复劳动。然而，水平一体化物流联盟模式也存在一些缺陷。比如说，只有许多企业参与并提供大量商品，这类物流联盟才能最大化地发挥整合和集约处理的优势。另外，采取这种物流联盟模式，商品配送方式的集成和标准化将会面临一些棘手问题。

3. 混合模式

在混合模式中，既有处于上下游位置的物流企业，也有处于平行位置的物流企业的加盟。

4. 以项目为管理的联盟模式

该模式是指将项目作为核心，各物流企业合作共建联盟。这种联盟模式仅限于特定项目，联盟内的成员之间的合作范围较为狭窄，因此，其优势并不突出。

5. 基于 Web 的动态联盟

在竞争激烈的市场经济中，为了适应市场变化、快速响应和满足创新层面与知识层面的要求，企业必须将供应链转变为更加灵活的网络结构。那些不能满足供应链要求的企业将被淘汰，而那些表现良好的企业则将成为供应链的一部分。通过快速的重新安排和组合，企业可以将供应链转化为一个灵活的联盟式组织。但是，这种联盟形式的稳定性很差。

综上，随着物流的发展，20 世纪 90 年代，西方发达国家如美国、法国、德国等国提出物流一体化现代理论，并应用和指导其物流发展，取得了明显效果。在这种模式下，物流企业通过与生产企业建立广泛的代理或买断关系，使产品在有效的供应链内迅速移动，使参与各方的企业都能获益，也使整个社会获得明显的经济效益。这种模式还表现为用户之间广泛交流供应信息，从而起到调剂余缺、合理利用、共享资源的作用。

物流一体化是指以物流系统为核心，由生产企业、物流企业、销售企业直至消费者组成的供应链整体化和系统化。只有当物流业高度发达，物流系统日趋完善，物流业成为社会生产链条的领导者和协调者，才能够为社会提供全方位的物流服务。在电子商务时代，这是一种比较完整意义上的物流配送模式，是物流业发展的高级和成熟的阶段。物流一体化的发展可进一步分为三个层次：物流自身一体化、微观物流一体化和宏观物流一体化。物流自身一体化是指物流系统的观念逐渐确立，运输、仓储和其他物流要素趋向完备，子系统协调运作，开始朝着系统化的方向发展。微观物流一体化是指市场主体企业将物流提高到企业战略的地位，并且出现了以物流战略为纽带的企业联盟。宏观物流一体化是指物流业发展到这样的水平：物流业占到国内生产总值的一定比例，处于社会经济生活的主导地位，使跨国公司从内部职能专业化和国际分工程度的提高中获得规模经济效益。

第三节　现代物流技术

物流技术是指支撑物流配送各环节运作的所有相关的专业技术总称，包括流通加工、物品包装、物品标识，物品实时跟踪以及物流规划、物流评价等相关技术。电子商务物流的信息化、智能化、自动化等特点，使物流技术不断向前发展。电子商务物流技术是信息技术在电子商务物流领域的应用，从而形成多种业务集成的现代物流体系。随着计算机网络技术的应用普及，物流信息技术中综合了许多现代技术，如条形码技术（Bar Code）、射频识别技术（Radio Frequency Identification，RFID）、全球定位系统（Global Positioning System，GPS）和地理信息系统（GeographicInformation System，GIS）等。

一、条形码自动识别技术

条形码技术是伴随计算机应用产生并发展起来的一种识别技术。人们需要一种可以快速、准确地对物体进行识别以配合计算机系统处理的技术。因此，条码技术应运而生，经过几十年的发展，已被广泛应用于各行各业。

（一）条形码技术的优点

条形码，简称条码，是由一组排列规则的、黑白相间的条状符号、字符和数字组成的标记，用以表示一定的信息，如商品条形码可以表示商品的名称、产地、价格、种类等。条形码技术是现代物流系统中非常重要的信息采集技术，有利于大幅提高物流效率。

条形码技术是迄今为止为经济、实用的一种自动识别技术，具有速度快、精度高、成本低、可靠性强等优点，在自动识别技术中占有重要的地位。条形码信息输入迅速，其输入的速度是键盘输入的 5 倍，并且能实现即时数据输入，而且，误码率很低，有较高的可靠性。一个条形码蕴含的信息量很大。例如，一维条形码所包含的全部信息是一串几十位的数字和字符。二维条形码相对复杂，包含的信息量可以达到几千个字符。条形码标签易于制作，对设备和材料无特殊要求，识别设备成本相对较低，信息识别过程简单、操作方便。

（二）物流条形码

利用物流条形码可使物流系统发挥更好的功能效用。在商品从生产厂家到客户的整个交易流程中，物流条形码可以实现物流信息迅速采集，使信息的传递和共享更加方便、快捷和准确。商品条形码的普及使商业管理实现了自动化。通过对物流条形码信息的采集、传递和反馈，能够使物流系统的经济效益得以提升。物流条形码具有的特点使其能够区别于商品条形码，并在物流领域发挥重要的作用。

在现代物流中，物流企业利用标准化 EDI（Electronic Data Interchange）进行物流信息处理，并配合条形码技术，进而提高效率，减少差错率，降低成本。EDI 和条形码的配合，使企业做到对物流流程的实时数据采集、显示和控制。

（三）条形码技术在物流配送中的应用

在电子商务时代，交易速度的大幅提升致使货物流量越来越大、流速越来越快。随着竞争的日渐加剧，仅靠手工录入商品信息和人工查询容易造成货物运送过程中的失误或延迟，给交易双方带来巨大损失。采用快速、准确的条形码采集方式，可以节省物流成本，满足客户的需求，提高企业的利润。

准确、快速的商品物流信息流能够有效控制物流的业务流程，一方面跟踪物流和掌握库存状况，另一方面降低物流作业的出错率。物流在订货、收货、入库、理货、在库管理、配货、补货等大部分作业环节中应用条形码技术。如表 6-3-1 所示，条形码自动识别技术大大提高了物流信息采集和识别的准确性和速度，实现了物流的高效率运作。

表 6-3-1　条形码技术在物流配送中的应用

流程环节	条形码的作用	效果
生产环节	记录生产线上每一道工序的物流状况	建立自动控制系统，实现生产管理的高自动化
库存环节	记录商品入库时间、库存数量、存放位置等	减少作业人员的工作量与操作的出错率
分货拣货环节	自动分货拣货	比手工分拣工作的效率高出数倍
销售环节	将商品名称、品牌、产地、规格、销售时间地区和数量等信息输入数据库，掌握进销存的数据	分析与预测顾客的需求趋势降低库存水平，提高整个供应链的效率
售后环节	记录产品的流通信息和客户信息	为生产营销提供市场依据

二、射频识别技术

射频识别技术（RFID 技术）是当前自动识别领域的热点技术之一。其基本原理是电磁理论，即利用射频信号实现无接触的信息传递和读写，达到自动识别的目的。RFID 技术的出现彻底改变了条形码依赖一维或二维几何图案来提供信息的方式，而是通过芯片来存储数量巨大的信息。但是，RFID 技术带来的绝不仅仅是信息容量的提升，其所具有的强大优势会极大地提高信息的处理效率和准确度。

在电子商务物流过程中，条形码虽然价格低廉，但它识别速度慢、数据存储量小、工作距离近、穿透能力弱、环境适应能力差、不能进行写操作等，使其越来越不能满足人们的物流需求。而射频识别技术作为条形码的完美替代品，有许多独特优势，如防水、防磁、穿透性强、读取速度快、识别距离远、存储数据能力大、数据可进行加密和读写等，致使该技术在完成识别工作时无须人工干预；工作距离长，识别距离比光学系统远；不怕油渍、灰尘污染，适于恶劣环境，不易损坏；可以识别高速运动目标，甚至同时识别多张射频卡等。因此，射频识别技术能提供更细致、更精确的产品供货信息，在实现货物供给过程自动化方面起到很大的作用。

射频识别技术起初主要被应用在一些无法使用条码跟踪技术的特殊工业场合，被用于目标定位，身份确认和跟踪库存产品等。之后，射频识别技术逐步被应用到传输业和访问控制、动物监控、电子收费系统、交通管理系统和商品零售等很多领域中。我国已经将射频识别技术应用于铁路车号识别、公共交通、手机支付、身份证管理、动物标识、特种设备与危险品管理、生产管理等多个领域。

（一）射频识别技术的工作原理和优势

射频识别系统一般包括阅读器、天线和电子标签三大组件，其中，阅读器包含传送器、接收器和微处理器。阅读器通过天线在一定区域内发射能量形成电磁场。电子标签进入该电磁场后，接收阅读器发出的指令，将内部存储的标识信息进行实时读写操作，并将标识信息发射出去。阅读器通过天线接收并识别电子标签发回的信息，在对信息有效性进行校验后，通过计算机网络将识别结果发送给主机，进行信息处理和传输。由于电子标签与阅读器之间是通过空气介质以无线电波的形式进行信息传递的，其信息传输距离常会受到很多因素的影响。

（二）射频识别技术在物流中的应用

射频识别技术在物流中有广泛的应用，如货物的存货管理、运输管理和分拣管理等方面。射频识别标签被贴在集装箱和设备上，而射频阅读器通常安装在运输路线、仓库、车站、码头和机场等关键地点。射频阅读器收到标签发送的识别信息以后，将接收地点的位置信息一同上传至通信卫星，再由卫星将信息传递给物流管理信息数据库中。

各级物流管理人员和物流的作业人员可以通过射频识别技术和物流信息系统实时掌握货物订购、仓储、运输等所有信息，能够安全、有效地解决货物库存问题，避免货物重复运输，实现物流的作业自动化和决策智能化。

三、全球卫星定位系统

位置信息是最重要的信息之一。位置信息包括所在的地理位置、处在该地理位置的时间、处在该地理位置的对象（人或设备）三大要素。也就是说，位置信息承载了“时间”“空间”“主体”三大关键信息。在电子商务物流配送过程中，企业充分利用位置信息，能够根据所在地提供时效性更佳的、个性化的定制服务。

（一）GPS 的优点

美国从 20 世纪 70 年代开始研制全球定位系统（GPS），并于 1994 年全面建成。

GPS 具有全球地面连续覆盖、功能多、精度高、实时定位速度快、抗干扰性能好、保密性强、受控制程度小等优势。随着全球定位系统的不断改进及硬件、软件的不断完善，GPS 已成功地应用于运载工具导航、数据通信、大地测量、工程测量、地壳运动监测、资源勘察、地球动力学等多个领域。目前，全球定位系统的应用已遍及国民经济各部门，产生了巨大的社会经济效益，并开始逐步深入人们的日常生活。

由于 GPS 在需要确定目标地理空间位置和空间轨迹的军事及民用领域中的应用效果显著，很多国家陆续展开了卫星导航系统的研究和部署，如我国的北斗全球卫星导航系统、欧盟的伽利略定位系统、俄罗斯的 GLONASS 全球卫星导航系统等。

（二）GPS 技术在物流管理中的应用

在物流行业，GPS 被广泛运用于车辆位置的确定、追踪、管理和铁路运输。

物流管理部门可以运用 GPS 计算机信息管理系统，对车辆进行自动定位和跟踪调度，也可以利用 GPS 和计算机网络对车辆和货物进行实时追踪和管理，收集特定车辆运输中的动态信息，以方便人们对车辆状况进行及时处理。GPS 技术可用于铁路运输的管理工作中，在了解货车的车种、车型和车号的情况下，相关人员可以精确查找运营铁路网上数量庞大的货车中的目标货车。此外，相关人员还能够获取该货车在运行时或停靠时的位置，以及与该货车车载货物的相关发货信息。

在未来的物流管理中，GPS 技术会更加智能化，从而提高物流各个环节的效率，提供更优质的物流服务，不仅可以根据物流目的地来自动找出最佳路线，还可以通过获取最新的路况资讯，根据物流任务和流程涉及的各种环境，使得路线选择更加优化和个性化。例如，通过对物流中运输车辆的定位监控，了解车辆分布、历史轨迹、当前位置等情况，进而了解某个地域内哪些车辆可供使用及所有在途运输车辆的分布情况。由此，在物流中，相关人员可以进行实时调度和配载，从而加快车辆的使用频率，降低车辆空驶率；可以对承运货物的车辆进行全程跟踪，确保货物运输时效；也可以实时掌握车辆的所在位置、在途情况和运输时间等，以便提前安排货物的接收、停放和销售等环节，提前完成货物的销售。

四、地理信息系统

地理信息系统（GIS）是综合计算机科学、地理学、测量学、地图学等多门学科的技术，是一种决策支持系统。GIS 是以地理空间数据库为基础，实时提供多种空间的动态地理信息，集空间信息储存和处理为一体的高新技术，在很多领域都具有实用价值。

（一）GIS 技术简介

GIS 是一种空间信息系统，可以有效地处理、保存、描述、分析和管理地球表面（包括大气层）的地理数据和空间数据。GIS 能够将地球或某一特定地区的资源和环境信息转化为计算机能够识别的数字化格式，也可以把地理位置和对应属性融合在一起，以满足用户的具体需求，还可以为用户提供图文并茂的信息展示，具备特有的空间分析和可视化工具功能，能够帮助决策者作出更准确的决策。

地理信息系统具有以下三个方面的特征：

第一，具有采集、管理、分析和输出多种地理信息的能力，具有空间性和动态性。

第二，由计算机系统进行空间地理数据管理，并由计算机程序模拟常规的或专门的地理分析方法，作用于空间数据，产生有用信息，从而完成人类难以完成的任务。

第三，计算机系统的支持是地理信息系统的重要特征，从而使地理信息系统能够快速、精确、综合地对复杂的地理系统进行空间定位和过程动态分析。

GIS 可以帮助用户进行地理信息查询和分析，具有将数据集合和地理信息连接起来的能力，使决策者能够集中精力于实际的问题，辅助企业对资源进行管理。首先，GIS 对地理数据进行数字化处理，将数据转换或处理成某种形式以适应某个特定项目的系统；其次，利用不同的 DBMS 设计进行地理数据的有效存储和管理，并提供简单查询功能和复杂分析工具；最后，所有查询和分析的结果最终都以地图信息的可视化形式输出。

（二）GIS 技术在物流管理中的应用

GIS 技术主要应用于物流分析，也就是利用 GIS 强大的地理数据功能来完善物流分析技术。

1. 物流设施规划

在物流系统中，仓库、配送中心和运输路线等共同组成了物流网络，可以根据供求的实际需要，利用 GIS 进行合理的物流设施规划，节省成本，提高物流经济效益。

2. 物流路线设计

利用 GIS 设计物流线路，并显示所需运载工具数量和物流路径和方法，进而降低物流成本，保证物流服务质量。

3. 车辆追踪与调度

利用 GIS 可以实时显示出车辆或货物的实际位置和状态，以便进行合理调度和管理。

4. 物流信息查询

利用 GIS 可以查询物流设施、运输车辆、客户等详细信息，并以多种信息形式显示，如文字、声音和图片等，并且在电子地图上显示其位置，以作为不同层次决策的依据，如最近配送中心的选择。

第四节 电子商务物流信息与供应链管理

一、电子商务物流信息

（一）电子商务物流信息的内容

电子商务物流信息指的是电子商务的物流活动所产生和应用的必要信息，是电子商务物流活动内容、形式、流程以及发展变化的信息反映。物流信息流动在物流各环节中，是电子商务物流管理基础和物流决策依据。一般而言，物流信息有物流内部信息、物流外部信息、物流设施信息之分。信息类型多样化，包括数据、文字、图像等。

在电子商务物流管理中，要想保证决策的科学性，首要条件是对决策对象及其相关因素的状况和变化有一个全面、准确的了解，对执行电子商务物流决策的各部门和各环节深入沟通联系。而电子商务物流信息的收集、传递、流动、应用等是企业决策的重要依据，对整个物流活动及涉及的各部门和各环节起到了指挥、协调、沟通作用，使物流活动按照决策制定的目标方向协调运行。物流信息是物流企业实现决策目标的重要保证，也是提高物流企业经济效益的重要条件。通过构建现代物流企业的信息处理中心这一全新的现代物流体系，使商流、物流和信息流在物流信息系统的支持下协同工作，进而提供高质量、高效率的物流服务。

物流信息管理的基本内容指的是物流信息的搜集、传递、整理、分析和应用等，同时还包括先进信息管理系统中的信息生成、加工和处理等。物流信息管理的目的是利用快速、准确的信息流指挥物流系统的各种活动。网络信息管理还需要对物流信息的经营管理建立有效的信息交流、共享机制，不断积累信息资源，并进行优势转化，在物流发展中挖掘更多信息价值。在电子商务企业经营管理过程中，物流信息的有效管理能有效影响企业决策和物流企业经营方式，改变物流企业组织结构，提高物流企业工作效率，降低物流企业成本，改变人才结构。

（二）物流信息的特点

在电子商务环境下，物流信息的特点主要表现在以下几个方面：

1. 物流信息数量庞大且分布范围广

随着企业之间合作的增加和信息技术的发展，物流流程中各个环节（运输、存储、包装、装卸搬运和流通加工等）都会随时随地产生大量的物流信息，尤其如今对电子商务物流多品种、小批量、多层次、个性化的服务要求，导致物流信息总量越来越大。而且，各种类型的物流信息可以分布在不同的厂商、仓库、货场、配送中心、运输线路、运输商、中间商、客户等处。物流信息的这些特点，使物流信息采集的成本巨大，通常难以采集完全，给物流企业的经营管理带来一定的影响。物流信息数量庞，要求我们必须采取快捷、低廉、高效的现代化技术来进行信息采集。同时，由此带来的物流信息存储也是需要解决的问题，这也给物流信息系统提出了高扩展性能的要求。

2. 物流信息动态变化

在电子商务物流活动中，随着市场状况、用户需求的转变，电子商务物流信息不断产生和变化，如货物装卸的数量、配送订单的接单和处理等。由于这种瞬息变化的特点，如果反映物流过程状态的信息不能及时传递到物流管理部门，便失去了对物流过程的实时控制甚至会造成物流过程的中断，最终影响物流决策，带来经济损失。因此，要求电子商务物流信息系统对物流信息具有较高的采集、分辨和处理能力，以及时满足企业物流高效运行的需要。

3. 信息来源多样化

不仅企业电子商务物流系统内部各个环节会产生不同种类的物流信息，电子商务物流系统与其他系统（如生产系统、销售系统等）之间以及物流企业与电子商务相关市场、政府部门之间，在进行系统间沟通与协调时都会产生大量的物流信息。对于电子商务物流而言，来源多样化的物流信息要求物流企业建立有效的物流信息收集和处理系统，实现企业内部的信息共享和整合，从而减少物流信息的利用成本。只有在物流企业与物流需求企业之间、企业与供应链企业之间实现物流信息共享，达到全面合作，才能努力提高企业对客户的整体服务水平，增强企业的竞争能力，使各合作方都获得最大的利益。

（三）电子商务物流信息系统

电子商务物流信息系统是利用计算机、网络通信等技术进行电子商务物流相关信息采集、存储、处理的人机系统。该系统可以通过对与物流相关信息的加工处理，达到对物流、资金流的有效控制和管理，并为企业提供信息服务和决策支持。

电子商务物流信息系统的基本功能包括数据的收集和录入、信息的存储、信息的传播、信息的处理和输出等几个方面。电子商务物流信息系统的作用主要是辅助物流企业事务处理，为管理决策提供信息支持。电子商务物流是信息网络和传统物流的有机结合，因此，电子商务物流信息系统不仅是一个管理系统，更是一个网络化、智能化、社会化的系统。

物流信息系统是一种网络化、全球化，智能化的应用，具有开放性、灵活性、可扩展性、安全性、协同性、动态性以及信息集成性，同时兼具反应迅速和能够进行远程处理的特点。在实际应用中，物流信息系统能随企业的需求和变革而调整或改变，为顾客提供满足其特定需要的个性化服务。

一般而言，电子商务物流信息系统由物流管理子系统、物流信息处理子系统和物流信息传输子系统三部分组成。

1. 物流管理子系统

物流管理子系统由物流企业组织机构、管理人员及相应的物流管理规范和制度等构成。物流管理子系统可以说是物流信息流动的动力来源，能显示出物流信息的最终效用。物流管理子系统是物流信息系统的一个重要组成部分，为物流企业的决策提供支持服务。

2. 物流信息处理子系统

物流信息处理子系统由硬件、软件、数据库、信息处理规则、信息管理和分析人员等组成。该系统负责物流海量数据或信息的采集、存储、分析、搜索、传递及输出，以满足管理子系统对物流信息的需求，属于物流信息管理与应用的核心部分。

3. 物流信息传输子系统

物流信息传输子系统由系统终端设备、通信线路和通信控制设备组成。该系统是物流信息传递与反馈的通道，是物流企业员工之间、企业与客户之间沟通的重要渠道，能够将各种物流相关信息及时、快捷、精确地传输到物流企业的各管理部门。

电子商务物流的不同阶段和不同层次之间均需要通过信息流关联。因此，一个完整的物流信息系统需要围绕信息流的管理和应用，并具有多重功能，包括数据处理功能、信息共享功能、分析预测功能、规划功能、决策和控制功能等。

二、电子商务供应链管理方法

（一）快速反应方法（QR）

1.QR 方法的内涵

QR 本质上是一项供应链管理策略，能够确立供应链成员企业之间的战略合作伙伴关系，以 EDI 等信息技术为支撑实现信息交流和共享，同时可以运用高频、小批量的发货方式来增补商品，从而缩短订单交付周期，降低库存水平，进而提升客户服务品质和企业竞争能力。

2.QR 方法的特征

第一，需要改变传统的经营方式和革新企业的经营意识和组织结构。

第二，需要开发和应用现代信息处理技术，这是成功进行 QR 活动的前提条件。

第三，需要与供应链各方建立战略伙伴关系。

第四，需要改变传统企业对商业信息保密的做法。

第五，供应商必须缩短生产周期，降低商品库存。

（二）有效顾客响应（ECR）方法

1.ECR 方法的内涵

ECR 系统是一种新型的流通体制，采用信息技术和沟通工具，能够提高商品供应效率，为消费者提供更高的利益。该系统以厂商、批发商和零售商之间的协作为基础，并被广泛应用于商业领域。ECR（Efficient Customer Responses，高效消费者回应）欧洲执行董事会的定义是："ECR 是一种通过制造商、批发商和零售商各自经济活动的整合，以最低的成本，最快、最好地实现消费者需求的流通模式。"[①] 在当今市场竞争激烈和需求多样化的环境中，ECR 注重供应商和零售商之间的合作关系，并以企业之间的互信合作为基础，利用现代信息技术，协调不同企业的生产、经营和物流管理，进而使各个相关企业更灵活、更高效地满足客户的多样化需求。我们可以将 ECR 系统称作连锁供应系统，这是因为该系统可以借助生产厂商、批发商、零售商组成的联盟，有效提升商品供应的整体效率。

ECR 是一种观念，不是一种新技术。它重新检讨上游、中游、下游企业间生产、物流、销售的流程，主要目的是消除整个供应链（Supply Chain）运作流程中没有为消费者增值的成本，将供给推动的系统转变成更有效率的需求拉动的系统，并将这些效率化的成果回馈给消费者，期望能以更快、更好、更经济的方式把商品送到消费者手中，满足消费者的需求。因此，ECR 的实施重点包括需求面的品类管理改善、供给面的物流配送方式改进等。

2.ECR 方法的特点

（1）ECR 系统重视采用新技术、新方法

ECR 系统引入了先进的信息技术，具备一种基于计算机技术的自动订货系统（CAO），可以提高生产企业与流通企业之间的配合效率。通常情况下，CAO 系统需要与电子收款系统（POS 系统）相互配合加以使用。具体流程是通过 POS 系统所提供的销售信息，CAO 系统自动向配送中心发送相关的订货需求，并由配送中心进行自动发货。这种方法可以将零售业的库存控制在最小范围，同时能够缩短客户下单到商家发货的时间，提升商品的新鲜度，从而有效降低商品损失率。

① 田青艳. 供应链管理实务 [M]. 北京：首都经济贸易大学出版社，2012：12.

除此之外，两种系统配合使用，还能让制造商迅速获取其产品在市场上的受欢迎程度的反馈信息。此外，ECR 系统还引入了两种崭新的管理方式：一是种类管理，二是空间管理。前者重点关注的是某一类产品的整体收益表现，而不是某个特定的产品品种的收益表现，旨在实现企业收益的最大化。以软饮料为例，实施种类管理的关键因素是投资收益率最大化，而不需考虑品牌因素，应基于软饮料这一商品大类，从库存量、柜台面积等因素出发，妥善安排该类型饮料的品种结构。这样一来，既可以保证其中一部分品种获得一定的购买力，又可以让另一部分的品种维持稳定营收的态势，还可以通过精巧的计策，满足顾客的需求，提高商店的营收收益率；后者的主要任务是最优化地处理柜台设置和商品布局。许多零售商此前已关注到 ECR 系统的管理问题，但 ECR 系统独特之处在于它可以实现空间管理和种类管理的有机结合，从而达到提高单位销售面积的销售额和毛利额的目的。

（2）ECR 系统建立了稳定的伙伴关系

在传统的商品供应链体系中，生产者、批发商和零售商之间的联系或密切程度可能存在较大的不同。订购行为的发生极具随机性，这使得商品流通不够稳定，进一步提高了商品的供应成本。通过构建一个完整的，包括生产者、批发商和零售商在内的供应体系，ECR 系统可以成功解决上述问题。这种创新的产销同盟和合作模式可以消除双方之间的顾虑，进而能够帮助各个企业建立相对稳定的伙伴关系。也就是说，这种模式可以成功消除商业交易中常见的恶性竞争，进而促进各企业的共同发展和繁荣。

（三）供应商管理库存（VMI）方法

1.VMI 方法的内涵

近年来，为了降低库存成本、整合供应链资源，越来越多的企业开始尝试一种新型的供应链管理模式——供应商管理库存（Vendor Managed Inventory，VMI）。这是一种在供应链环境下的库存运作模式。本质上，它将多级供应链问题变成单级库存管理问题。相对于按照用户发出订单进行补货的传统做法，VMI 方法是以实际或预测的消费需求和库存量作为市场需求预测和库存补货的解决方法，即由销售资料得到消费需求信息，供货商可以更有效地计划、更快速地反映市场变化和消费需求。

2. 实施 VMI 的好处

（1）供应商受益表现

第一，通过销售点（POS）数据透明化，简化了配送预测工作。

第二，结合当前存货情况，使促销工作易于实施。

第三，减少分销商的订货偏差，减少退货量。

第四，需求拉动透明化、提高配送效率，以有效补货，避免缺货。

第五，有效的预测使生产商能更好地安排生产计划。

（2）分销商和消费者受益表现

第一，提高了供货速度。

第二，减少了缺货。

第三，降低了库存。

第四，将计划和订货工作转移给供应商，降低了运营费用。

第五，在恰当的时间，适量补货，提升了总体物流绩效。

第六，供应商更专注地提升物流服务水平。

（3）共同的利益表现

第一，通过计算机互联通信，减少了数据差错。

第二，提高了整体供应链处理速度。

第三，从各自的角度，各方更专注于提供更优质的用户服务，避免缺货，使所有供应链成员受益。

第四，真正意义上的供应链合作伙伴关系得以确立。

（四）及时化（JIT）方法

1.JIT（Just In Time，JIT）方法的内涵

JIT 方法的实质是保持物质流和信息流在生产中的同步，实现恰当数量的物料在恰当的时候进入恰当的地方，生产出恰当质量的产品。这种方法可以减少库存、缩短工时、降低成本、提高生产效率。

JIT 方法的基本思想是“只在需要的时候，按需要的量，生产所需的产品”[①]，也就是追求一种无库存，或库存达到最小的生产系统。JIT 方法以准时生产为出发点，首先暴露出生产过量和其他方面的浪费问题，然后对设备、人员等进行淘汰、调整，达到降低成本、简化计划和提高控制的目的。JIT 方法的基础之一是均衡化生产，即平均制造产品，使物流在各作业之间、生产线之间、工序之间、工厂之间均衡地流动。JIT 方法可以使生产资源合理利用，包括劳动力柔性和设备柔性。JIT 方法强调全面质量管理，目标是消除不合格品和消除可能引起不合格品的根源，并设法解决问题。JIT 方法还包含许多有利于提高质量的因素，如批量小、零件能快速转移到下一个工序、质量问题可以及早发现等。

2.JIT 方法的特征

JIT 方法作为一种现代管理技术，能够为企业降低成本，改进企业的经营水平，具有如下两点主要特征：

第一，以消除非增值环节来降低成本。JIT 方法力图通过另一种方法来增加企业利润，那就是彻底消除浪费，即排除不能给企业带来附加价值的各种因素，如生产过剩、再制品积压、废品率高、人员利用率低、生产周期长等。

第二，强调持续的强化和深化。JIT 方法强调在现有基础上持续地强化和深化，不断地进行质量改进工作，逐步实现不良品为零、库存为零、浪费为零的目标。

① 牛鱼龙．现代物流实用词典．，北京：中国经济出版社，2004：728.

第七章　结论与展望

中国的电子商务经过多年发展，从 ebay 入华到阿里巴巴兴起，再到如今各类电商公司、网站层出不穷，可以说已经开启中国电子商务发展的黄金时代。电子商务不仅在涉足领域上不断拓宽，同时也逐渐形成了一套成熟的市场规范，正在切实且迅速地改变着每一个人的生活。

由于互联网技术的不断发展以及互联网思维的大范围普及，物流快递、互联网金融等电子商务相关体系建设的完备，越来越多的传统企业与经销商投入电子商务的浪潮之中，或是进驻电商网站，或是开发自己的电商系统，利用自身特点与行业优势，不断开拓出新的电子商务发展模式。

伴随着软硬件技术的提高，电商网站层出不穷，在数量上满足了消费者日益增长的电子商务消费需求。同时，随着智能技术的飞跃，越来越多的电子商务平台开始采取智能机器人来完成售前、售后以及相关咨询服务。这可以看作是电子商务未来发展的一大方向，即智能化。智能化的完成能够为消费者带来更加个性化的服务。智能化的数据分析能够帮助电商平台更为便捷地了解消费者的需求，为电商的发展制定更为有价值的决策。

除去电商平台数量的增长之外，电子商务在横向层面上将还会进一步拓宽。早期的电子商务销售主要集中于服装百货，提供的服务也仅仅局限于简单的线上交易货物以及相关服务。随着电子商务的不断发展，全国许多地区均已建立了专门针对电子商务的产业园，而电商平台也将自己的经营范围扩大到生鲜、家居、装修、生活缴费等各个方面，这些拓展刺激并带动了包括上下游产业链、资金结算等相关一系列领域的创新和升级。

同时，电子商务市场将得到进一步的健全和规范。在电商平台遭受了假货频出、售后不佳等新闻的披露之后，一夜之间几乎所有的电商平台都开始了清理和整治。在未来，电商平台在货源品质、营销推广、售后服务等方面或将有相关的法律法规出台，以便于电子商务市场进行更为深入且有章可循的规范化管理，进一步压缩假冒伪劣产品的生存空间。同时，由于节能减排等环境保护理念进一步地深入人心，消费者的需求和心理必然会产生极大的变化，这将迫使电商以及相关生产企业将环保理念纳入自己的生产经营规范之中，从而使他们必须通过规范化经营来获取消费者的信赖和竞争优势。

一批电子商务网站抛弃了大而全的经营模式，专注于小而精的经营模式，这代表着未来电商的一大发展方向。未来的电子商务平台分工将会更为细致，并且开始向厂商、电商平台、消费者这三者之间的中间环节不断渗透，以提高行业的整体效率并降低运营成本。除去这种分工之外，地区性差异将会进一步扩大。这是由我国经济发展不平衡和消费者需求差异所导致的。未来不同地区消费者的差异化需求将得到极大的满足。而由于城市电商的需求已经几近饱和，城镇化建设如火如荼，物流运输体系不断优化，未来农村电商将是电商平台竞争最为激烈的一大板块。

除了向乡镇农村发展，国际化也是一大发展主流。这不仅仅指的是风光无限的海淘电商，除了将国外的优质商品低价引进国内，未来的电商平台通过不断的学习必将会有走出去的那一天，而国外的电商平台也将借助这个契机进入国内。这种内外电商平台的不断交流，势必将推动整个电子商务行业的发展，也是未来不可或缺的一个重要环节。

就发展势头来看，在几年以后，“电子商务”这个概念将逐渐淡出人们的视野，但这并不意味着电商的由盛转衰，而是代表着电商全盛时代的到来。在未来，全民电商将会是主流中的主流。届时我们将看到，不论是传统经销商还是电子经销商，都是电子商务大军中的一员，线上与线下的界限将在几年内逐渐淡化直至消失。

最重要的是，作为互联网时代大商业板块的电子商务，今后更需要思考和遵循的是根植于人类最深层的正确的价值取向（或为价值需求），这是最根本的方向。以此为出发点的那些正在孕育中的新型电子商务企业，必将是今后新时代的领导者。

参考文献

[1] 刘桓，高志坚，程艳红，等 . 电子商务基础与应用 [M]. 北京：人民邮电出版社，2017

[2] 魏修建，严建援，张坤 . 电子商务物流第 3 版 [M]. 北京：人民邮电出版社，2017.

[3] 屈燕，钮小萌，李玮，等 . 电子商务理论与实务第 2 版 [M]. 北京：人民邮电出版社，2017.

[4] 吴明华，钟诚，许亮，等 . 电子商务安全 [M]. 重庆：重庆大学出版社，2017.

[5] 候安才，栗楠，张强华 . 电子商务安全技术实用教程 [M]. 北京：人民邮电出版社，2016.

[6] 钟雪梅，杨洋，黄清 . 电子商务基础 [M]. 重庆：重庆大学出版社，2016.

[7] 解新华，聂永昭，刘瑛，等 . 电子商务概论 [M]. 北京：人民邮电出版社，2015

[8] 程艳红 . 电子商务案例分析 [M]. 北京：人民邮电出版社，2015.

[9] 孙俐丽 . 电子商务数据质量控制研究 [M]. 南京：南京大学出版社，2020.

[10] 叶晗堃 . 电子商务智能管理与运营 [M]. 南京：南京大学出版社，2020.

[11] 刘静 . 新时期用供应链推动物流运输业高质量发展研究 [J]. 商展经，2023（22）：99–102.

[12] 高燕频 . 电商发展对家庭消费升级的影响 [J]. 黑龙江科学，202314（21）：162–164.

[13] 刘莎莎 . 新媒体背景下农产品电子商务品牌化运营策略研究 [J]. 现代商业，2023（22）：44–47.

[14] 白西 . 电子商务环境下物流管理的创新发展 [J]. 中国航务周刊，2023（48）：85–87.

[15] 杨晨 . 数字经济背景下电子商务模式发展困境与策略 [J]. 环渤海经济瞭望，2023（11）：43–46.

[16] 李婷 . 物联网背景下物流电子商务平台的建设分析 [J]. 商场现代化，2023（22）：28–30.
[17] 史雪绒 . 电子商务环境下的企业物流管理策略研究 [J]. 中国航务周刊，2023（47）：191–193.
[18] 李卉 . 基于第三方信息传递的口碑传播与电子商务交易系统仿真 [J]. 中国商论，2023（21）：90–94.
[19] 刘宇萌 . 电子商务在国际贸易中的应用研究 [J]. 商展经济，2023（21）：68–71.
[20] 关秋如 . 论电子商务的物流管理 [J]. 中国航务周刊，2023（46）：61–63.
[21] 王鑫 . 电商平台供应链金融模式分析 [D]. 保定：河北金融学院，2023.
[22] 董安静 . 社会关系强度对社会化电商用户推荐意愿影响研究 [D]. 太原：山西财经大学，2023.
[23] 陶悦 .B2C 电商平台农产品质量安全影响因素管控研究 [D]. 太原：山西财经大学，2023.
[24] 孙笑洒 . 数字贸易壁垒对我国跨境电商出口的影响研究 [D]. 昆明：云南财经大学，2023.
[25] 张娟 . 基于电子商务视角的零售供应链市场竞争策略研究 [D]. 南京：南京航空航天大学，2020.
[26] 程永义 . 电子商务的大规模事务数据高效处理关键问题研究 [D]. 长春：吉林大学，2020.
[27] 王鑫 . 电子商务中虚假评分检测与信誉评估方法研究 [D]. 青岛：山东科技大学，2020.
[28] 陈杨 . 基于电子商务环境的商业企业商业模式创新管理研究 [D]. 哈尔滨：哈尔滨理工大学，2020.
[29] 吴晓雪 . 基于 XML 移动电子商务数据加密技术的研究与应用 [D]. 武汉：湖北工业大学，2018.
[30] 刘佳怡 .O2O 模式下生鲜农产品物流配送网络优化研究 [D]. 杭州：浙江财经大学，2018.